Tilman Jens
Unterwegs an den Ort
wo die Toten sind

SERIE PIPER
Band 390

Zu diesem Buch

»Auf der Suche nach Uwe Johnson in Sheerness« – ein junger Mann, dreißigjährig, macht sich im März 1984, kurz nach dem Tod des großen Schriftstellers, auf, um den Ort, die nahe und nächste Umgebung zu besuchen, in der Uwe Johnson gelebt und sein Werk, isoliert und zurückgezogen, beendet hat. Tilman Jens zeichnet nach, was er auf der kleinen Insel Sheppey erkundet und gehört hat, ruft sich ins Gedächtnis, was Uwe Johnson uns in seinen Büchern hinterlassen hat, und versucht zu deuten, was der Tote gesagt und – möglicherweise – verschwiegen hat.

Mit diesem Buch ist Tilman Jens ein »Nachruf« ganz besonderer Art gelungen: eine biographische Studie, ein einfühlsam erzählendes Porträt, ein Bericht aus Betroffenheit und Bewunderung. Tilman Jens' Spurensuche, in die er zahlreiche Bilder vom »Ort des Geschehens« einstreut, läßt uns teilhaben an einer Begegnung mit einem Toten, einer faszinierenden Gestalt unserer Tage, die gegenwärtig und lebendig bleibt, mit Uwe Johnson.

Tilman Jens, geboren 1954 in Tübingen. Freier Journalist, tätig für Zeitungen, Zeitschriften und für das Fernsehen. Jens lebt in München.

Tilman Jens

Unterwegs an den Ort wo die Toten sind

Auf der Suche nach Uwe Johnson
in Sheerness

Mit 28 Fotos von
Nomi Baumgartl

Piper
München Zürich

In Erinnerung an Annette Jens

ISBN 3-492-00690-6
Originalausgabe
2. Auflage, 7.–11. Tausend Januar 1985

Umschlag: Federico Luci,
unter Verwendung zweier Fotos von Nomi Baumgartl
Gesamtherstellung: Clausen & Bosse, Leck
Printed in Germany

Der Versuch ... den Lebenslauf eines Toten und die Ereignisse vor seinem Sterben zusammenzufinden aus Vermutungen, Behauptungen und knappen Zeugenberichten, ein solcher Versuch muß »schwierig« ausfallen.

(Uwe Johnson, Begleitumstände.
Frankfurter Vorlesungen, 1980)

Davonschleichen, aus dem Leben stehlen werde er sich, ohne daß auch einer nur davon Kenntnis nehme. Ein stiller und plötzlicher Aufbruch solle es sein. *Ich werde die Städte verlassen, sie werden mich nicht entbehren,* prophezeite wenige Monate vor seinem Tod ein Mann mit großflächigem, reglosem Gesicht und schwarzer Baskenmütze auf dem Kopf, ein Eremit, der die Grundpfeiler seiner Existenz in einem *System von Regeln gesetzlichen Ansprüchen Gewohnheiten zur Verteidigung der Einsamkeit und des Alleinseins* verankert sehen wollte. Nie werde es ihm gelingen, seßhaft zu werden, Wurzeln zu schlagen, *und wenn ich dreissig Jahre ansässig wäre und hätte die Kellner und Tabakverkäufer an meine Wünsche gewöhnt.* Ein Eigenbrötler, berührungsscheu und zurückgezogen, ein mürrischer Zeitgenosse, der die Gesellschaft anderer mied, Gespräche auf das Notwendigste beschränkte, seien doch Amüsement und Zerstreuung in letzter Konsequenz nur *erfunden damit wir uns einreden können wir seien nicht einsam.*

Er aber wollte einsam sein: *Sah dem Leben zu abseits*, machte sich unnahbar und häßlich, ließ sich den Kopf kahlscheren. Stapfte Morgen für Morgen wortlos quer über die Gleise hin zu dem hohen, fahlroten Turm, von wo er durch eine große Sichtscheibe das weitverzweigte Schienennetz Dresdens bis zur Elbebrücke überblicken konnte. *Nachdem er einmal in seinen Turm gestiegen war, blieb er sicher für diesen Tag ... Sass hinter verschlossener Tür ohne sich umzusehen ... und redete in die Welt und verzeichnete die entfernten Geschehnisse, die unablässig dahingingen und auf einem Blatt Papier als Kurve zurückblieben aus der Zeit, die ohne Aufhören verging*. Ließ, die Zigarette im Mundwinkel, die Züge von Blockstelle zu Blockstelle vorrücken, faßte alle Bewegungen unten auf den Gleisen in millimeterpräzise Diagramme, blieb oft bis tief in die Nacht, grübelte, wie die Bahn Kohle sparen und Verspätungen meiden könne. Noch in der raren Freizeit ein Eisenbahner durch und durch, der seine Jugendliebe namens Gesine nicht mit einem Blumenstrauß, sondern mit einem Freibillet von Jerichow zu ihrem Studienort Halle hofierte. Ein besessener Arbeiter, der sich vom Rangierer zum Streckendispatcher hochgedient hatte; ein von den Kollegen belächelter Asket, weit über den Dienst hinaus auf die Anforderungen seines Dispatcher-Daseins konzentriert ... *zentrale Kommandogewalt, Tür verschlossen, Vorzugsrecht auf jeder Telephonleitung, schnell und genau denken, Leistung, immerzu Überstunden, nervös ... Fährt vom Dienst nach Hause, schläft, fährt zum Dienst.*

Rollenspiele eines zweiundzwanzigjährigen Schriftstellers. Eigentlich sei es ganz einfach gewesen, erklärte Uwe Johnson mehr als zwanzig Jahre später in seinen Frankfurter Poetik-Vorlesungen; im Frühjahr 1957 sei ihm, noch in der DDR, ein Streckenwärter im Traum erschienen, die *weich umrissene Gestalt eines Mannes auf nachtschattenem Feldweg, der mit sachtem Schwung eine Katze vom Boden hebt, so dass sie auf seiner Schulter kauert, ehe sie sich's versieht. Er sprach mit einem Akzent aus der nördlichen Odergegend. Jakob hiess er.*

Ein Traum. Ein Entwurf. Konzeption der *Mutmaßungen über Jakob*. Beginn einer exemplarischen Biographie, der Johnson selber konsequent und unbeirrbar folgen sollte. Die Geschichte vom Eremiten in seinem Turm, der scheinbar unbeteiligt die Geschehnisse um sich herum registrierte, den Ablauf der Dinge auf Kurven und Netzplänen zu einer zweiten Realität verdichtend, den *hinderlichen Überblick* meidend, stets nur auf das Papier fixiert – weltfremd und pedantisch: Das war mehr als Beschreibung eines erdachten Einzelschicksals, das war Modell, gemutmaßte Zukunft eines jungen Autors, der mit seiner Parabel über den Streckendispatcher Jakob Abs gleichzeitig das eigene Poetenleben festgeschrieben hatte, wohl wissend, wie nah an den Abgrund dieser Weg nicht nur den Einzelgänger Jakob führte. *Er hätte diesen Beruf nicht haben sollen*, läßt Johnson jene Frau sagen, die zur alles bestimmenden Begleiterin seines Werkes werden sollte. *Er hätte diesen Beruf nicht haben sollen*, sagt Gesine Cresspahl, als sie von dem rätselhaften Tod ihres Freundes erfährt, der – gerade ein paar Stunden zurückgekehrt von einer heimlichen Westreise – auf ungeklärte Weise beim Überqueren der Gleise unter eine Lokomotive geraten ist. Unfall, Suizid oder Mord? Das bleibt ungeklärt. Ein abrupter, unvermittelter Tod auf jeden Fall, den Jakob freilich angekündigt hatte: *Ich werde die Städte verlassen, sie werden mich nicht entbehren. Das muß doch irgendwo angefangen haben, irgendeiner muß es gemacht haben daß ich bei meinem Tode sagen soll: ich bin nur zum Spaß bei Euch gewesen, nehmt es nicht ernst.*

»Er sah nicht gut aus, als er an einem Mittwoch hereinkam zu unüblicher Stunde«, erinnert sich der Pub-Besitzer Ronald Peel, »eigentlich kam er ja nur abends. An diesem Tag aber kam er schon mittags. Er schwitzte. Wirkte völlig übernächtigt. Er legte die Brille auf den Tresen und rieb sich die Augen. Doch schon nach einem Pint brach er hastig auf. Er habe noch zu tun. Nach zehn Minuten war er wieder da. Trank weitere drei Biere. Blieb, bis wir um halb drei dicht machten. Nickte mir zu und verschwand wortlos aus der Tür.« Seit diesem Augenblick, seit dem 22. Februar 1984, wurde der Schriftsteller Uwe Johnson nicht mehr lebend gesehen.

Neunzehn Tage später, am 12. März, zerschlagen Ronald Peel und sein Compagnon Col Mason eine Fensterscheibe im Parterre des Hauses Nummer 26, Marine

Parade, Sheerness, auf der britischen Insel Sheppey vor der Themsemündung. Oben im Wohnzimmer, wo man über die Steinmauer hinweg auf das Meer schauen kann, finden sie ihn. Zusammengebrochen, aus dem Lesesessel gekippt, vornüber auf den Teppichboden gefallen. Den Kopf hat er sich am Couchtisch blutig geschlagen. Der Tote, der hier seit fast drei Wochen liegt, ist im Gesicht schwarz angelaufen. Die von der Staatsanwaltschaft angeordnete Obduktion kann das Todesdatum nicht mehr exakt rekonstruieren. Offizielle Todesursache: Herzversagen. Selbstmord wird mit an Sicherheit grenzender Wahrscheinlichkeit ausgeschlossen.

Unten im Keller neben der Schreibmaschine liegt ein Kalender. Aufgeschlagen ist das Blatt für den 21./22. Februar. In der Nacht zum 23. muß Uwe Johnson gestorben sein, gerade zehn Monate nach Vollendung seines Lebenswerks, der *Jahrestage*, dieser gewaltigen, fast zweitausend Seiten umfassenden Totenrede auf unser Jahrhundert. Fünfzehn Jahre hat er an dieser Tetralogie gearbeitet, das Leben der Gesine Cresspahl zwischen dem 20. August 1967 und dem 20. August 1968 erzählt. Ein Jahr, das in Rückblenden und Reflexionen gleichsam ein ganzes Leben widerspiegelt, gegenwärtige und vergangene Jahrestage, den Alltag in Manhattan und die Erinnerung an Mecklenburg zu einem literarischen Zeitpanorama verknüpft. Eine modellhafte Biographie, Persönliches und Historisches vereinend, die sich einmal mehr wie eine literarische Manifestation des Johnsonschen Lebens ausnimmt. Als die Geschichte der Gesine Cresspahl am 17. April 1983 zu Ende erzählt war, lag da gleichzeitig die Bilanz einer Schriftstellerexistenz auf dem Tisch, ein Resümee, das die kommenden Ereignisse bis hin zu jenem 22. Februar 1984 vorausbestimmen sollte.

Im Portemonnaie des toten Dichters (*Weißt Du, damit er mir keine unnötige Mühe macht mit seinem Tod*), findet die Polizei eine Anweisung, die er wortwörtlich in den letzten Band der *Jahrestage* eingearbeitet hatte – ein *Zettel, auf dem stand in den vier Weltsprachen: zu verbrennen am Ort des Todes ohne Gesang Ansprache Predigt Musik whatsoever.*

Und damit nicht genug. Unter dem Datum des 22. Februar, das auf dem Kalender im Johnson-Haus den Tod des Dichters markiert, findet sich im zweiten Band der *Jahrestage* eine siebenseitige Eintragung, die mit den lakonischen Sätzen beginnt: *Die Petrikirche zu Jerichow nahm 1938 für die Dienste des Pastors bei einem Begräbnis zehn Mark, an Gebühren für großes Glockengeläut sechs Mark ... für Benützung und Reinigung der Kirche fünf Mark, an Läutelohn für zwei Stunden dreißig Mark, für das Graben der Gruft zwölf Mark. Die Gebühren waren im voraus zu entrichten.*

Der 22. Februar, im Roman Uwe Johnsons ist er ein Totentag. Gesine liegt krank in ihrer New Yorker Wohnung am Riverside Drive, im Fiebertraum von Todesangst geplagt. *Es ist ... dunkel wie in einem Grab.* Auf den

Tag sind dreißig Jahre vergangen, da Lisbeth Cresspahl, die Mutter Gesines, in Mecklenburg begraben wurde, *in die Erde gesperrt für alle Zeiten*. Zweiunddreißigjährig hatte sie ihrem Leben ein Ende gesetzt, war in den selbstgelegten Flammen erstickt, Tage, nachdem sie Augenzeuge geworden war, wie die Nazis ein jüdisches Mädchen erschossen hatten.

Im Fieber werden die dreißig Jahre lang verdrängten Erinnerungen an den als Kind erlebten und kaum faßbaren Tod wieder lebendig: Im ausgeräumten Büro, das *ganz finster* ist *von Leuten in dunkler Kleidung*, steht in der Mitte der offene Sarg auf einem Tisch, der viel zu hoch ist. Die fünfjährige Gesine kann die tote Mutter nicht sehen. Sie springt in die Luft, um wenigstens für einen Moment in den Sarg zu schauen. Vergebens. Der Vater hebt sie. Sie strampelt, will sich aus eigener Kraft hier oben halten. Heinrich Cresspahl stellt die Tochter auf die Tischkante; behutsam, vom Vater an der Hand gehalten, geht sie um den Sarg. *Die da lag, war größer als in der Erinnerung ... Das Gesicht war unkenntlich, so bunt. Auch als ob es in sich weggerutscht wäre. Diese Art Lächeln kannte sie nicht ... Sie versuchte auf dem Tischrand weiterzugehen, zumindest bis zu den gefalteten Händen, um sie anzufassen. Dann führte Cresspahl sie am Arm bis zu den fremden Händen. Sie sah ihn an und sein Nicken erlaubte es ihr. Die Hände aber waren nicht heiß wie von Feuer, sondern kalt wie ein Schaufelstiel im Winter.*

Totenbilder prägen den 22. Februar 1968. Dieser Jahrestag ist genau in der Mitte jener Zeitspanne angesiedelt, die sich Johnson als Pensum gesetzt hat: 187 Tage sind erzählt, von 180 wird noch zu berichten sein. Der kalte Februartag mit seiner Todesnähe markiert – in makabrer Vorwegnahme – eine Zäsur. Mit dem Fiebertraum von der toten Mutter ist ein Tabu durchbrochen, ein Panoptikum vergessener und verdrängter Erinnerungen aufgeschlossen. Stärker als in den Notizen aus dem zurückliegenden Halbjahr dominiert nun die Vergangenheit den Fortgang der *Jahrestage*.

Von einem kleinen Flecken namens Jerichow wird erzählt, Gesines erdachter Heimat, die nur im Kopfe des Dichters existierte und die Johnson doch äußerst präzise und realistisch zu beschreiben verstand: *Jerichow zu Anfang der dreißiger Jahre war eine der kleinsten Städte in Mecklenburg-Schwerin, ein Marktort mit zweitausendeinhunderteinundfünfzig Einwohnern, einwärts der Ostsee zwischen Lübeck und Wismar gelegen, ein Nest aus niedrigen Ziegelbauten entlang einer Straße aus Kopfsteinen.* Zunehmend ist es nun die Erinnerung, die Gesines amerikanische Gegenwart überlagert. Die Angestellte Cresspahl träumt sich in eine Backsteinidylle zurück, während sie in ihrem New Yorker Bank-Skyscraper sitzt und arbeitet.

Tote sind es, die in den verbleibenden sechs Monaten Gesines Bewußtsein, das Geschehen der *Jahrestage* bestimmen; Jakob Abs, der alte Heinrich Cresspahl, die Friedhofsgärtnerin Amalie Creutz oder der Landarbeiter Warning, der sich *einer Formsache wegen* erhängt.

Sie alle melden sich zu Wort. Gesine hört ihre Stimmen. Im Jenseits scheint man sich zu langweilen: *Dat ick hier dotbliev und kein Ein süht mi sittn.* Die Toten mahnen und schimpfen, Gesine diskutiert und hadert mit ihnen, weist die ungebetenen Geister in ihre Schranken. *Gib doch nicht so an, Cresspahl. Bloß weil ihr das Sterben schon hinter euch habt. Dazu werde ich eure Hilfe nicht brauchen.*

Der Dialog mit den Toten gerät zu einem wesentlichen Bestandteil von Gesines Erzählungen. Manchmal treiben sie die Stimmen aus dem Jenseits bis an den Wahnsinn. Sie fühlt sich umzingelt und bemüht einen Psychiater. Und doch gelingt es ihr nicht, sich der leidigen Verfolger zu erwehren: *Wi sünt all dår.*

Totenbilder prägen auch – exakt sechzehn Jahre später – den 22. Februar 1984. Auf dem Küchentisch in der Marine Parade stehen noch drei Wochen nach Johnsons Tod die Reste der letzten Mahlzeit des Dichters. Es muß ein kärgliches Frühstück gewesen sein. Ein hartgekochtes Ei, ein Apfel, eine Tasse Tee. Auf der Herdplatte steht ein Kochtopf, halbgefüllt mit Wasser. Über die Zimmer verteilt liegen Schachteln schwerster Schlaftabletten, allesamt aus Deutschland: Rohypnol und Mogadan. Einen Brief an Max Frisch hat er schreiben wollen an diesem Tag. Den Umschlag hatte er schon adressiert.

An den Wänden der belletristischen Bibliothek im Parterre hängen Photographien und Plakate, die Poeten zeigen, denen sich Johnson verbunden fühlte. Sie allesamt sind tot: Ingeborg Bachmann, Günter Eich, James Joyce und Thomas Mann. Oben im Wohnzimmer liegt auf dem Tisch ein Sammelband des »Spiegel«, Jahrgang 1963, aufgeschlagen ist ein Artikel über den Kalten Krieg. Daneben steht, als habe sich der Hausherr nur für kurze Zeit entfernt, eine geöffnete Flasche Wein und ein Glas mit roten Rändern. Es muß halbvoll gewesen sein in jener Nacht. In den neunzehn Tagen seit seinem Tod ist der Inhalt verdunstet. Unten im Flur stapelt sich die Post, die durch den Briefschlitz an der Haustür eingeworfen wurde. Zeitungen, Bankauszüge, Rechnungen.

Noch Anfang April, als der Tod des Dichters längst von den Agenturen gemeldet war, bringt der Postbote allmorgendlich die »Frankfurter Rundschau« in die Marine Parade. Drei Straßen weiter, im »Treasure's liqueur shop«, trifft Woche für Woche eine Kiste mit spanischem Rotwein ein. Sieben Stück warten bereits auf Abholung, als man endlich auch im Weinladen vom Tode des Stammkunden erfährt.

Hat denn niemand Verdacht geschöpft?

Hat ihn denn niemand vermißt?

»Wie sollten wir?« sagt sein Nachbar, der Kunstmaler Martin Harris, »er hatte eine automatische Lichtschaltung in seinem Haus, um sich vor Einbrechern zu schützen. So konnte auch ich nicht sehen, ob er da war oder wieder einmal auf Reisen. So makaber es ist: Neunzehn Nächte lang wurde seine Leiche von einer Sofaleuchte angestrahlt – und doch konnten wir es nicht merken.«

»Wie sollten wir?« sagt Nora Harris, die schon seit Jahren dreimal die Woche bei Uwe Johnson saubermachte und doch keinen Schlüssel besaß, »er ist doch so oft plötzlich verschwunden, wortlos, ohne Vorankündigung. Ein paar Tage später kam dann meist eine Postkarte von irgendwoher, aus Deutschland, Frankreich oder Amerika. Außerdem hatte er mir zwei Tage vor seinem Tod gesagt: ›Nächste Woche nicht. Ich habe zu arbeiten.‹ Mehr Worte hat er nie verloren. Er hat mir die Türe aufgesperrt und gesagt, was ich tun soll. Manchmal stand er dann noch ein paar Minuten schweigend neben mir, kochte seinen Tee. Das Geld hat er mir dann auf den Küchentisch gelegt.«

»Wie sollten wir?« sagt der arbeitslose Schiffskoch Jeff Lucas, der Tag für Tag an Johnsons Haus vorbeifuhr auf jenem Fahrrad, das ihm der Dichter geschenkt hatte, »er war wohl der einzige hier in diesem gottverlassenen Nest, der seinen Kaffee schwarz getrunken hat. So standen nie Milchflaschen vor seiner Tür. Eine Batterie weißer Flaschen, das ist immer ein böses Zeichen.«

In Deutschland war er ein Prominenter, hofiert, mit Preisen geehrt, von Spekulationen umrankt; in »diesem gottverlassenen Nest« aber, auf seiner englischen Insel, lebte er als Anonymus. Hier, wo die Menschen vom Hafen, der Fähre, dem Fischfang und von ein paar vereinzelten Touristen leben, interessiert man sich nicht für

Poeten. Nur in einem Schreibwarengeschäft findet sich bei genauem Hinsehen eine Buchecke, bestückt mit Werken zur Heimatgeschichte, einer kargen Auswahl von Bilderbüchern und ein paar Krimis. Den Namen Uwe Johnson hat man hier noch nie gehört, wiewohl viele seiner Titel ins Englische übersetzt sind.

Für Kaffeehausnaturen, Dandies und Flaneure wäre dieser von der Rezession gezeichnete Küstenort ein Alptraum. Mehr als düstere Pub-Atmosphäre, ein verlottertes Seehotel und einen Bingo-Palast, von dessen Wänden der Putz bröckelt, kann Sheerness an Amüsement nicht bieten. Für den spröden Asketen Uwe Johnson aber war das der ideale Platz. Hier an diesem *Ort, wohin* – wie einst in Mecklenburg – *der Wind grau und rauh kam das ganze Jahr*, fand er die für seine Arbeit unabdingbare Isolation, die ihm auf seinen vorherigen Stationen, in Berlin oder New York, so gefehlt hatte. Sheerness, eine Insel am Ende der Welt; eine Stadt von gestern mit einem symbolträchtigen Sackbahnhof.

»Man müßte überhaupt ein Fremder sein, um einen Ort wie Kl. länger als eine Stunde erträglich zu finden.« Uwe Johnson wußte genau, warum er Ingeborg Bachmanns Satz über ihre Heimat Klagenfurt so häufig zitierte. Was der Österreicherin Kl. war, hieß für Johnson Sheerness. Hier ist er über zehn Jahre hinweg ein Fremder geblieben.

Hier in der Einöde gelang es ihm ohne Probleme, die Spuren des eigenen Ruhmes zu verwischen. Er lebte als

Sonderling in einem kleinen weißen Reihenhaus mit viktorianischem Spitzgiebel, igelte sich in seinem Arbeitskeller ein und hielt die Fensterläden stets verschlossen. Niemand sollte ihn beobachten, wenn er bis tief in die Nacht unter der riesigen, eigens bei einer Auktion ersteigerten Bahnhofsuhr saß und das Leben jener Romanfigur weiterspann, der er in seinem Schriftstellerdasein monogam verbunden war: Gesine Cresspahl, aufgewachsen wie er in Mecklenburg, übergesiedelt, *umgezogen*, wie er in den Westen.

1956, *in der Zeit vom 17. Oktober bis zum 10. November*, hat er sie sich ausgedacht. In seinem Erstling *Ingrid Babendererde* taucht sie bereits auf, bis zum vierten Band der *Jahrestage* ist er ihr treu geblieben und hat diese Figur, die ihn weit mehr zu fesseln schien als jeder wirkliche Mensch, weitergeformt *zu einem ebenbürtigen Partner im Bewußtsein, in dem sie umging, so wirklich anwesend wie sonst Personen des Alltags, von denen Mimik, Sprechweise, Gangart erinnerlich waren. Sie war unmittelbar kenntlich an ihrer Stimme ... geschult und erzogen in vier Sprachen, mecklenburgisch akzentuiert*. Achtundzwanzig Jahre lang – unterbrochen nur von einer längeren Pause in den Sechzigern – saß er da und hat mit Gesine gesprochen, mal vertraulich, mal distanziert und höflich, das Alter ego mit »Mrs. Cresspahl« und »Sie« titulierend. Exakt und ausführlich ließ er sich informieren von ihr. Er, der knurrig Verschwiegene, hat von ihrer Redseligkeit gelebt, auch wenn er ihre Schwatzhaftigkeit bisweilen kaum mehr ertrug. Dann plötzlich konnte er aus der Rolle fallen: *Holl Din Muul, Gesine, holl Din Muul.*

Das war mehr als ein Spleen. Er hat sie genau vor sich gesehen, wie sie aussah damals als junges Mädchen in Jerichow – *ein betrübtes Kind in Holzpantoffeln*, dann als Freundin von Jakob, dann als Angestellte einer New Yorker Bank im halbärmligen grauen Jerseykleid, mit Pumps an den Füßen, Größe neununddreißig. Er hat ihre Stimme gehört (*ein Alt von nunmehr dreißig Jahren*), wenn er sie erzählen ließ und ihre Gedanken aufschrieb. Das war ein Dialog, bei dem die Trennlinien verschwammen, die Positionen nicht mehr zu verteilen waren: *Wer erzählt hier eigentlich, Gesine? – Wir beide, das hörst Du doch, Johnson.*

Mit Ironie und Neugier, mal liebevoll und mal dozierend, kommen der Dichter und sein Spiegelbild ins Reden, zwei Einzelgänger, die aufeinander angewiesen sind. *Ja, wenn ich Dich gleich gefragt hätte, Mrs. Cresspahl. – Damals sprachen wir noch nicht miteinander.*

Er brauchte sie als Widerpart. Eine feste Bindung an einen anderen Mann hat er ihr nie gestattet. Nur mit Jakob, und der war tot. Der Schriftsteller Uwe Johnson verlangte Konzentration: *Ihm* sollte Gesine ihre Geschichte erzählen, nur ihm allein. So wie er im Gegenzug seine Poetenexistenz nahezu ausschließlich in ihren Dienst gestellt hat. Achtundzwanzig Jahre lang. So lang hat sich Uwe Johnson an keinen anderen Menschen gebunden.

Als er am 17. April 1983 die letzte Seite des Lebens von Gesine Cresspahl notiert, die *Jahrestage* vollendet hat, hatte ihn seine Frau aus Fleisch und Blut, Elisabeth Johnson, schon lange verlassen. Seit dieser Trennung hat er sich vollends isoliert. Hat sich selbständig gemacht. Kochen gelernt, sich das Schreibmaschinenschreiben beigebracht (vorher hatte Elisabeth Johnson die handschriftlichen Manuskripte abgetippt). Trotz energischen Einspruchs seiner Putzfrau bestand er darauf, die Wäsche allein zu erledigen. Jeden Freitag zog er durch den Ort, machte Besorgungen, das für den Hünen viel zu kleine Einkaufswägelchen hinter sich herschleifend. In seiner Wohnung hielt er penibel Ordnung, und immer bevor Nora Harris zum Saubermachen kam, hat er die leeren Weinflaschen beseitigt. Niemand sollte wissen, wieviel er trank, wenn er dasaß allein und Zwiesprache hielt mit Gesine.

Mit dem Finger über eine Luftaufnahme der Insel Manhattan fahrend, die er zwischen den Bücherregalen aufgehängt hatte, begleitete er die Angestellte Cresspahl auf ihren U-Bahnfahrten ins Büro der New Yorker Bank, für die Gesine arbeitete. Tagtäglich vergrub er sich in sein skurriles Archiv, das er im Kellertrakt eingerichtet hatte, um jedes noch so entlegene Detail zu rekonstruieren, das im Leben der Gesine Cresspahl eine Rolle gespielt haben könnte. Da wurden Landesarchive befragt, Gynäkologen konsultiert, da finden sich im Arbeitszimmer Kursbücher der Deutschen Bundesbahn,

Telephonverzeichnisse, Kompendien zur Wirtschaftskriminalität, Hotelführer, Atlanten, Ausrisse aus dem Lübecker »Generalanzeiger« der Jahre 1931 bis 1945 und natürlich die gesammelten Jahrgänge der »New York Times«, deren Meldungen die 367 Eintragungen der *Jahrestage* wie ein roter Faden durchziehen, jener Tageszeitung – auch mit ihr hat er korrespondiert –, in der sich all jene Ereignisse wiederfinden, die den Schriftsteller in den zwölf Monaten umtrieben, über die es zu berichten galt: der Terror der Amerikaner in Vietnam, das Attentat auf Rudi Dutschke, die Ermordung von Martin Luther King und Robert Kennedy.

Die *Jahrestage* sind ein politischer Roman, wenngleich kein plakatives Bekenntnis. Lautstarkes Engagement war Johnsons Sache nicht; zynisch hat er mit dem modischen Kuba-Engagement des Kollegen Enzensberger abgerechnet. So leicht wollte es sich der Autor der *Jahrestage* nicht machen. Er sah seine Utopie von einer sozialen und friedfertigen Gesellschaft nirgends eingelöst. Weder in der DDR (über Seiten hinweg zitiert er Unrechtsurteile ostdeutscher Gerichte), noch in der Bundesrepublik (entgeistert und verängstigt registriert er die 9,8 Prozent der NPD bei den Landtagswahlen in Baden-Württemberg), noch in den USA, die im Umgang mit der schwarzen Minorität, vor allem aber mit ihrem Bomben-Engagement in Indochina Tag für Tag ihr wahres Gesicht enthüllten.

Aktuelle Nachrichten, Schreckensmeldungen, unterbrechen immer wieder die vergangenheitsbesessene Suada der Angestellten Cresspahl, die Erinnerungen an das Kleinstadtidyll in Jerichow. Manchmal sind es ganze Artikel der »New York Times«, die Johnson in seinen Roman montiert hat.

In einem 90minütigen Scharmützel nur fünfzehn Meilen von Saigon entfernt wurden gestern sechs Angehörige einer Einheit der 25. Infanteriedivision getötet und 13 verwundet ...

Das Verteidigungsministerium wird den Verkauf großer Waffenmengen im Ausland fortsetzen, um die Abwanderung des Goldes zu bekämpfen ...

LeRoi Jones, kämpferischer Schriftsteller, Neger, wurde heute zu zweieinhalb Jahren im Staatsgefängnis von New Jersey und 1000 Dollar Strafe verurteilt, weil er während der Aufstände in New Jersey im letzten Sommer zwei Revolver illegal in Besitz hatte. Das Urteil war praktisch das Maximum ... es läßt keine Bewährung zu ...

Mit mehreren Erzählebenen jonglierend, saß er in seinem Keller, die Erinnerungen Gesines mit den Botschaften der »New York Times« konfrontierend, Gegenwart und Vergangenheit zur Chronik der *Jahrestage* verdichtend. Inmitten von Kartotheken, Büchern, Zettelkästen und Ordnern voll von Exzerpten wurde ein Jahrhundert lebendig, die verlorene Heimat ebenso wie der Zeitgeist der späten sechziger Jahre. Und ebenso wie sich die Romanfigur Gesine im Laufe der Zeit zu einer höchst wirklichen Gestalt entwickelte, so gewann auch die »New York Times«, Gesines Antipode, ausgesprochen menschliche Züge. Wie eine *alte Tante*, oberlehrerhaft, korrekt und schlau, erschien dem Dichter jene Zeitung, die seine Arbeit über mehr als fünfzehn Jahre begleitete. *Eine hagere Figur, harte Falten im Gesicht, bittere Mundschwünge, allerdings dunkle und elegante Kleidung. Beharren auf hochgesteckten Frisuren, eine verkratzte Stimme, Lächeln nur in den Augenwinkeln. Nie Jähzorn. In ihrer Haltung, wie sie die Beine hält, kokettiert sie mit ihrem Alter, es ist der Beweis für ihre Erfahrungen ... Die Tante ist ledig geblieben, es deutet ihre Ansprüche an. Sie gibt Ratschläge in Ehefragen, sie kann sich vorstellen, wie es in der Ehe ist (immerhin soll ein Musikkritiker Musik kritisieren, nicht Sinfonien schreiben. Nicht einmal Sonaten) ... Wir haben es mit einer Person zu tun, mit der man die Pferde stehlen gehen kann an allen Tagen, da die Gesetzgebung den Diebstahl der Pferde vorschreibt.*

»Geistige Magerkeit«, »erschreckende Unsinnlichkeit« haben Kritiker dem Autor der *Jahrestage* vorgeworfen. »Ein Sklave seines Zettelkastens« sei er geworden über der Arbeit, ein hölzerner Geselle, ein dröger Archivar, den sein Mammutprojekt habe versauern lassen.

Ganz im Gegenteil, die *Jahrestage* sind alles andere als ein blutleeres Schreibtischkonstrukt. Da schwingt in jeder Zeile Leben mit. Plastisch mußte er seine Figuren vor sich sehen, in die er sich hineindachte, in die er – wie kaum ein anderer – die eigene Biographie zu verstecken verstand. Und dabei hat er kaum etwas ausgespart. Konsequent hielt er sich an seine in den Frankfurter

Poetik-Vorlesungen explizit formulierte Auflage, *jederlei eigene (›private‹) Erfahrung seinen Personen zuzuwenden.*

Schriftsteller sein: für Uwe Johnson hieß das radikaler Verzicht auf die Freiräume des Privaten. Jedes Ereignis war im Augenblick des Erlebens bereits fester Bestandteil der Arbeit. *Als Schriftsteller ... hat man kein anderes Material als seine eigenen Erfahrungen.* Er selbst hat – anders als einige seiner Epigonen und Apologeten – das eigene Werk als literarisch verfremdete Autobiographie verstanden – freilich nicht im Sinne jener Nabelschaupoeten, die mit ihren Vater- und Mutter-, Geburts- und Todesbüchern den Markt überschwemmen, sondern konzipiert als virtuoses Versteckspiel: sich in der Offenbarung gleichsam verbergend, die eigene Geschichte mit listigem Geschick auf viele Figuren verteilend, hat er sein Leben aufgeschrieben. Das galt für die *Mutmaßungen über Jakob*, das galt für *Das dritte Buch über Achim*, Johnsons *Buch über ein Buch*, das nicht geschrieben wird: Der Hamburger Journalist Karsch möchte im Auftrag eines DDR-Verlages eine Biographie über ein Ostberliner Radidol verfassen. Er scheitert aber, weil er die Erwartungen seiner Arbeitgeber nicht erfüllen kann, aus dem schweigsamen, starr auf seinen Erfolg fixierten Pedalkönig einen sozialistischen Helden zu formen. *Mir fällt nichts mehr ein*, muß Karsch am Ende bekennen und formuliert damit Johnsons eigene Absage an eine *neue und nützliche Literatur.*

Das Werk als artistisches Spiegelbild des eigenen Lebens: das galt aber vor allem für die vier Bände der *Jah-*

restage, das Meisterstück von Johnsons Maskeraden. Mal wechselt er, auf der Suche nach einem weiblichen Widerpart, das Geschlecht und schreibt sich in Gestalt der Angestellten Cresspahl das Heimweh nach Mecklenburg von der Seele; als *das Kind das ich war* erzählt er dann von Gesines Zeit in Jerichow. Mal schlüpft er in die Rolle von Marie, Gesines zehnjähriger Tochter, die gebannt den Erinnerungsgeschichten der Mutter zuhört, die diese als Vermächtnis einer unwiederbringlichen Ära auf Tonband diktiert – *für wenn ich tot bin*. Dann projiziert er seine Todes- und Selbstmordgedanken, die magische Anziehungskraft, die dieses zentrale Thema für ihn besaß, auf das Schicksal von Lisbeth Cresspahl, die auf einem Faschingsball, in Ekstase die Nähe von Eros und Thanatos beschwörend, dem eigenen Tod entgegentanzt: *Ich wollte noch einmal mit dir schlafen, Heinrich. Bevor es zu Ende ist, meine ich.*

Dann ist er D. E., der Freund Gesines, dem Johnson in Physiognomie und alltäglichen Gewohnheiten genau zu gleichen scheint. Ein Koloß von Mann, der Gauloises raucht, seinen Rotwein kastenweise von einem Importeur bezieht und *sich daran gelegen sein läßt, seine Fähigkeiten durch die regelmäßige Einnahme von Alkohol herabzumindern*. Dann ist er Heinrich Cresspahl, der alte Kunsttischler, der *nachts die Schlaflosigkeit vor sich anerkannte* und zu lesen begann. *Cresspahl erinnert mich wie eigenes Leben.* Dann ist er Dr. Berling, der Familienarzt aus Jerichow, ein bulliger Zweimetermann, *der in den Jahren traurig ge-*

worden war, die seine besten hätten sein sollen. Und schließlich spielt er auch noch den Schriftsteller Uwe Johnson, der in den *Jahrestagen* freilich nur eine Figur unter vielen ist. *Ohnehin waren seine Sätze zu lang, zu deutsch.*

In einem fiktiven Nachruf zu Lebzeiten, einem *Sonderbericht an die New York Times*, hat Uwe Johnson seinen literarischen Mummenschanz glossiert. *Identität des verstorbenen Autors zweifelhaft*, heißt es da in der Überschrift, und dann wird aus der Verlautbarung des Testamentvollstreckers zitiert: *Mr. Johnson, der bis zu diesem Tag als Verfasser zahlreicher Bücher galt, dürfte kein einziges davon selbst geschrieben haben.* Das sieht aus auf den ersten Blick wie ein makabrer Scherz – und doch wieviel mehr steckt hinter diesem einen Satz! Er dokumentiert das Bekenntnis eines Mannes, der das Schreiben nicht als Prozeß der Selbstfindung begriff, sondern als Verlust von Identität. Der sich in seinen Figuren auflöste, nur noch mit und in ihnen leben konnte. *Unbehelligt, besucht nur von eingeladenen Leuten* – Jakob, den Eremiten in seinem Turm vor Augen –, hat er sich eingeriegelt in seinem Keller, nur noch den Stimmen seiner Schatten, den vielen Brechungen des Uwe Johnson folgend. *Er hörte seine Leute reden. Es war ein Ton, der aufbegehrte gegen eine Gewissheit, die war so unwiderruflich, die war in ein Grab getan; ihm wurde deutlich vorgesprochen, und gehorsam schrieb er nach.*

Fünfzehn Jahre lang hat er so mit seinen Stimmen gelebt, von morgens bis tief in die Nacht. Nur einmal am Tag, jeden Abend pünktlich um sieben, verließ der

Schriftsteller Uwe Johnson seine neonerleuchtete Einsiedelei, nahm die schwarze Schiebermütze vom Haken, ging seinen Dreiminutenweg an der Kaimauer entlang, gebeugt wie immer, den Blick starr nach unten gerichtet. Stoppte am »Napier«-Pub, setzte sich grußlos oft, manchmal auch mit einem dumpfen »Good Evening«, an die Theke im »Salon«, an den einen Platz, von dem er durch eine geöffnete Schiebetür auch das Geschehen in der gegenüberliegenden »Public Bar« verfolgen konnte, schaute wie vor einer Guckkastenbühne dem Training des einheimischen Darts Club zu, hörte die Arbeiter in ihren Blaumännern reden und wartete auf sein erstes »Pint of Hürlimann«, das stärkste der hier ausgeschenkten Biere. Es ist ansonsten nicht sehr beliebt: »It is a brain-damaging beer«, sagen die meisten hier, die das leichtere, dunkle Ale bevorzugen, »it will kill you«. In einem Briefwechsel mit der Brauerei hatte sich der mißtrauische Poet allerdings bestätigen lassen, daß das Bier ohne chemische Zusätze, streng nach dem Reinheitsgebot gebraut werde.

Ich mein wir bestellen noch mal Bier.

So hockte er da auf dem immer gleichen Schemel mit dem roten Ledersitz, beobachtete die Leute und schwieg. So wie jener vereinsamte mecklenburgische Schriftsteller Joachim de Catt, von dem Johnson in seiner *Skizze eines Verunglückten* erzählt hatte, einmal mehr die eigene Situation literarisch verkleidend: anders als Johnson ist de Catt ein greiser Mann; er mußte schon im

Dritten Reich fort aus der Heimat, floh nach New York. Dort ist er auch nach 1945 geblieben, ganz auf sich gestellt, ohne jemals Wurzeln zu schlagen. *In den hunderter Straßen geht ein alter Mann abends in sein Restaurant ... Allabendlich kommt er um sieben ... Wenn man wenig sagen kann den ganzen Tag über, sieht man am Abend krank aus. Mit sich selbst sprechen, damit fängt es an. Manchmal merkt er schon, daß er die Lippen bewegt. Unterhält sich mit den Toten.*

Für zwei Stunden am Tag ging auch der Schriftsteller Uwe Johnson unter die Menschen: »Abend für Abend war es die gleiche Prozedur«, erinnert sich Ronald Peel, der Pubbesitzer, »er kam immer um dieselbe Uhrzeit, immer in derselben Montur. Schwarze Mütze, schwarzes Jackett, schwarze Hose, schwarze Lederstiefel – manchmal hatte er sogar eine schwarze Fliege an. Selbst die Aschenbecher auf dem Tisch mußten auf sein Verlangen hin schwarz sein. Zu allem Überfluß brauchte er auch noch zwei davon. Einen für seine Streichhölzer, die er streng symmetrisch nebeneinander aufreihte, den anderen für seine Gauloises, die so widerlich stanken. Jede Woche hat er zwei Stangen bei uns gekauft. Nach seinem Tod haben wir den ganzen Vorrat an den Großhändler zurückschicken müssen. Die hat nur er geraucht. Jeden Abend elf Stück. Und acht Pintgläser Bier dazu. Zum Abschluß dann noch einen doppelten Wodka mit Tomatensaft, Eis und Zitrone – aber ohne Worcester-Sauce. Und das Ganze serviert in einem extra großen Glas.«

Selbst beim Trinken war der Dichter von jener Akkuratesse und Pedanterie, die kennzeichnend waren für sein Leben, für sein Werk. Selbst im Pub war er noch Schriftsteller durch und durch. Nie sah man ihn ohne ein Buch oder zumindest einen Bleistift zur Hand. Zusammengekauert, die Schultern verspannt, saß er da, die Brille tief heruntergezogen, über die schmalen Gläser hinwegschauend. Lauschte den Gesprächen der anderen und hakte dann plötzlich ein. »To be on a job« – was denn das heiße ... »Mit einer Frau schlafen«, dröhnte es lachend vom Nebentisch zurück. Das notierte er sich auf seiner Zigarettenschachtel. Sprachmaterial für zu Hause, Mitbringsel aus einer anderen Welt, deren Bewohner nichts von der zweiten Identität des einsamen Zechers wußten, der ihnen allabendlich begegnete.

»I have heard the vicar has died«, sagt der Spengler Jonathan Wilson, der auf der Straße vom Tod des rätselhaften Unbekannten erfahren hat.

Johnson freilich hatte in den ganzen zehn Jahren, die er in Sheerness lebte, nur dreimal eine Kirche von innen gesehen. Einmal, als die verarmte alte Lady starb, mit der er oft im »Napier« zusammengesessen hatte und der Johnson ein würdiges Begräbnis finanzierte. Ein zweites Mal, als man seinen Gärtner zu Grabe trug, der in der Marine Parade den verwilderten Rasen gemäht und die Esche vor seinem Küchenfenster gestutzt hatte. Ein drittes Mal schließlich, als Jeff Lucas, der Freund aus dem Pub, zum Katholizismus übertrat. Da hat sich der

Dichter in die hinterste Reihe gesetzt – fern von allen Verwandten des Konvertiten – und hat der Zeremonie interessiert zugeschaut. »Ansonsten aber hatte er mit dem Glauben wenig im Sinn – I think he was an atheist«, sagt Ronald Peel.

Und doch: einige, die ihn nicht kannten – und wer kannte ihn schon? –, konnten sich den Poeten in Schwarz nur als Gottesmann vorstellen: »The vicar has died.«

»Auch ich habe erst aus dem Nachruf in unserer Zeitung erfahren, daß er ein berühmter Mann war«, gesteht Louis Miller, mit seinen siebenundachtzig Jahren der grand old man im »Napier«. »Hier im Pub nannten wir ihn nur ›Charles‹. Bei uns hat jeder seinen Spitznamen. Mit Charles war das freilich eine ganz besondere Geschichte. Am Heiligabend – 1974 muß es gewesen sein, Charles war erst seit ein paar Monaten in Sheerness – platzte er in unsere Weihnachtsparty im ›Napier‹. Wir alle waren schon ziemlich betrunken. Als er zur Tür hereinkam, dieser schwere, mächtige Mann, johlte ihm einer von uns entgegen: ›Oh, da ist ja Charlie.‹ Er lachte, schien mit dem Namen durchaus einverstanden, allerdings mit einer Korrektur. Nein, Charlie sei falsch, sagte er. Charles heiße er richtig. Eigentlich sogar Charles Henry. Aber das sei vielleicht ein wenig kompliziert in dieser Runde. Das war die Geburtsstunde von Charles. Fortan ließ er sich jedesmal an Weihnachten von Ron ein kleines Glas Whisky über seinen kahlen Kopf gießen, als Symbol seiner Taufe.«

Werden wir unseren Namen ändern, wenn wir britische Bürger sind? Hat er 1968, noch in New York, im ersten Band seiner Tetralogie geschrieben – sechs Jahre vor der Ankunft in Sheerness.

So, wie sich der Dichter am Schreibtisch in die Figuren aus seinen Büchern verwandeln konnte, so betrieb er auch im »Napier«-Pub sein Rollenspiel. Ein Mann, aufgesplittert in eine Unzahl von Namen und Identitäten, ein trauriger Spieler ... denn der *eine* Uwe Johnson, der *Güstrower Poet*, als der er mit sechzehn Jahren das Handwerk des Schreibens begann, der existierte nur noch in der Erinnerung. *Wo ich her bin das gibt es nicht mehr.*

So anschaulich und genau Uwe Johnson von seiner mecklenburgischen Heimat zu erzählen verstand – so hautnah er die Menschen dort seinen Lesern vor Augen führte, Emma Senkpiel, die die Milch pantschte mit Wasser, Cresspahl, der das Schmalz aus der Schale polkte, oder Wallraff, den versoffenen Rangierer: *Es ist vergangen, Mrs. Cresspahl ... Sie hören, wie ich es erzähle. Als etwas, was war.*

Das Mecklenburg seiner Kindheit war unerreichbar, unwiederbringlich. Und doch, er hat sie immer wieder gesucht und gefunden, jene Schauplätze, die in ihm eine *Ahnung von Jerichow* wachriefen ... die Seen, die Küste, den Strand und das Meer. Darum mochte er Berlin, Havel, Spree und Wannsee, darum war er fasziniert von New York, wohnte am Riverside Drive, *einer in der Architektur fast europäischen Straße, mit Blick auf Parkbäume, Wie-*

sen, Bodenschwünge und dahinter den Fluss Hudson, so breit wie ein Binnensee in Mecklenburg; darum fuhr er – sehnsüchtig nach Wasser – wie Gesines Tochter Marie mit der South Ferry von Manhattan herüber nach Staten Island; darum hielt er es aus in einem Dorf wie Sheerness, wo ihm, wenn er das Fenster öffnete, wie einst an der Ostsee *der Geruch von Salzwasser, von Fischen und verfaulendem Tang* entgegenschlug und wo er vom Wohnzimmer aus die Kutter draußen im Meer beobachten konnte. In einem besonderen, die Ferne aufklarenden Licht, hat Johnson einmal Freunden gegenüber gesagt, könne man die Illusion haben, daß hier Mecklenburg liege.

Es ist eine Täuschung und fühlt sich an wie Heimat.

Gezielt hat er sich seine Ersatzheimaten gewählt, Orte, an denen sich das Heimweh für Momente wenigstens betäuben, die Erinnerung irreführen ließ, und er ein Quentchen jener Geborgenheit spüren konnte, die sich unmittelbar mit den Kindheits- und Jugendbildern aus Jerichow, Güstrow und Gneez verband. Der alte Kohlenherd, die große Lampe in der Küche, die vollen Picknickkörbe, die man auf die Landpartien mitnahm: Kuchen, süße Schnecken, Milch und Obst. Im Winter der Duft der Bratäpfel in der Backröhre und abends dann der warme Holländerkachelofen in Cresspahls guter Stube ... rückwärtsgewandte Träume eines Mannes, der jede behagliche Zerstreuung aus seiner Gegenwart verbannte – mit Ausnahme eben jener zwei Stunden abends im »Napier«. Hier, in einer kleinen, plüschigen

Schankbar, am hundert Jahre alten Tresen, an dem einst Seeleute saßen und soffen, hier im schummerigen Elektrokerzenlicht traf er sie wieder, die rauhherzig-offenen Leute, mit denen er, Sohn einer Bauerntochter und eines Gutsverwalters aus dem mecklenburgischen Kladow, in seiner Jugend aufgewachsen war und die später dann – keineswegs zufällig – sein Werk bestimmten: Kunsttischler und Tabakwarenhändler, Schleusenwärter und Schlachter, Telegraphistinnen und Kneipiers.

Johnson Zuneigung zu den *einfachen Leuten*, ihren Ängsten und Hoffnungen, verband sich – im Leben so gut wie im Werk – mit humanem Desinteresse an den Gewohnheiten der Reichen: *Der Seufzer Heinrich Bölls, über die wiederholte Nachricht, dass die Großen der Welt »Rolex«-Uhren tragen, und dass er dem nichts hinzuzufügen wisse, erscheint mir nach wie vor unübertrefflich,* heißt es in den Frankfurter Poetik-Vorlesungen. *Ich bin überzeugt, dass die »einfachen Leute« das erheblichere Beispiel abgeben für Lebensverhältnisse in unserer Zeit, nicht allein wegen ihrer Überzahl, auch nicht nur weil sie in der Verteilung des Nationaleinkommens jenseits allen gerechten Verhältnisses benachteiligt sind; insbesondere, weil sie jede Verschlechterung der Lage unerbittlich ausbaden müssen ... ohne dass Geldreserven sie auffangen und Privilegien sie schützen, ohne dass sie in der Schule und später an die höheren Tricks herangekommen wären.*

Auch wenn der Dichter zweiundzwanzig Stunden am Tag grundlegend anders lebte als die Weggefährten im

Pub, so waren es im Grunde genommen doch Menschen seines Schlages, denen er im »Napier« allabendlich begegnete. Bill Harvey, der Zeitungshändler, oder der Feuerwehrmann Louis Miller, Joe, der Schauermann, oder jene achtundsiebzigjährige Ex-Balletteuse Lilly Godliman, die draußen – auf einem Campingplatz zwischen Stadtkern und Hafen – in einem ausrangierten Wohnmobil logierte: »Einfache Leute« allesamt. Kantige Figuren, an denen er sich oft weit mehr reiben konnte als an jenen feinsinnigen, leicht zu beleidigenden Schriftstellerkollegen, mit denen er sich in seinen letzten Lebensjahren fast ausnahmslos überworfen hatte, mehr auch als an jenen geschäftsordnungsdebattierenden Funktionären im Schriftstellerverband, den er im Jahr vor seinem Tod unter Protest verließ.

Nein, da gehörte er weit eher zu den Klabautermännern im »Napier«, dieser kuriosen Trödelwelt mit Spitzendeckchen und Seidenblumen. Hier war der exzentrische Dichter einer unter vielen verwegenen Gestalten. *In diesem Winkel fiel das Wunderliche nicht als wunderlich auf.*

»He looked like a Kojak with a two-day-growth.«

Hier tolerierte man seine Schrullen, hier gab man ihm Kontra, wenn es nötig schien, geradeaus und spontan, auf eine Art und Weise, die der Angesprochene verstand. »I was not always happy with him«, gesteht Ronald Peel, »manchmal war er unausstehlich. Wenn er sich an der Bar ausbreitete mit all dem Krempel, den er sich von zu Hause mitgebracht hatte. Mit einem Schlag waren dann fünf Plätze blockiert. Es gab Zeiten, da hat er Col und mich mit seiner Tyrannei zur Weißglut gebracht, da konnte er sich über irgendein Staubflöckchen aufregen, das außer ihm natürlich keiner bemerkt hat. Dann mußte ich ihn zur Ordnung rufen. Meist hat es geholfen, ein paarmal hat er allerdings auch lautstark erklärt, er werde diesen Pub nie mehr betreten. Am nächsten Tag saß er dann in der Regel wieder an seinem angestammten Platz, ganz artig und versöhnungsbereit. Ich glaube, wir haben ihn in den vergangenen Jahren gut erzogen. – We tried to train him in our way.«

Sie waren nicht freundlich miteinander, sie knurrten sich an. Und doch, wenn es hart auf hart kam, dann hielten sie zusammen. Als Elisabeth Johnson 1977 scheinbar völlig abrupt das Haus in der Marine Parade verließ, haben sich Ron und Col, das alte Männerpaar, der eine einstiger Bänkelsänger, der andere verdienter Seemann auf der legendären »Ajax«, rührend um ihn gekümmert, Pakete zur Post gebracht, nach einer Putzfrau gesucht, einen Gärtner besorgt, einen preiswerten und zuverlässigen Taxifahrer angeheuert.

Aber das war durchaus keine einseitige Solidarität. Als Ronald Peel 1980 schwer erkrankte, fünf Tage lang im Koma lag, Wochen im Krankenhaus bleiben mußte, fuhr Johnson mit dem Taxi ins entlegene Spital, schickte Blumen und große bunte Postkarten, die er sorgsam auswählte, den Geschmack des Adressaten bedenkend, der eine Vorliebe für Hunde, insbesondere für riesige Bernhardiner hatte. Im letzten Band der *Jahrestage* hat er – den Schankwirt in einen Automechaniker verwandelnd – *Ron, dem Schwatzmaul* ein verstecktes Andenken bewahrt.

So unnahbar und mürrisch dieser Charles Henry sein konnte, wegen seiner Gutmütigkeit und Hilfsbereitschaft war er unter seinen Leuten im »Napier« bekannt. Als John Forster, Dockarbeiter im Hafen, nach einem Ehestreit nächtens zu Hause rausflog, bot ihm Charles ein Bett in seinem Haus an, das er doch sonst so rigoros gegen Fremde abschirmte. Seinem Taxifahrer Grant Matthew Baker, der ihn zum Sonderpreis von dreißig Pfund von Sheerness zum Flughafen London-Heathrow fuhr, schenkte er einen Satz deutscher Matratzen.

Charles, der von einem Dreitausend-Mark-Monatswechsel seines Frankfurter Verlegers Siegfried Unseld lebte, spendete für die Heilsarmee, stiftete umgerechnet zweihundert Mark für einen neuen Krankenwagen, kaufte Lose für jede Wohltätigkeitslotterie, wenn auch stets in der Furcht, am Ende eine der ausgesetzten Scheußlichkeiten zu gewinnen. Den versilberten Kandelaber jedenfalls, den er einmal zog, verschenkte er postwendend.

So freigebig er auch war, so wenig ihm, dem undogmatischen Sozialisten, Materielles bedeutete, von seiner Person, von seiner Arbeit, vor allem von seiner Biographie hat Uwe Johnson in den neun Jahren, in denen er Charles Henry war, nie etwas preisgegeben. Nichts von der DDR, in der ihm, Student bei Hans Mayer in Leipzig, die Veröffentlichung seines ersten Romans verboten wurde, nichts von seinem *Umzug* 1959 in den Westen, nichts von den Verdächtigungen, Beleidigungen und Schikanen aus Ost und West, denen Johnson im Laufe seines deutsch-deutschen Schriftstellerdaseins fast unentwegt ausgesetzt war. Das war ein abgeschlossenes Kapitel für ihn, das Etikett »Johnson, der Dichter der beiden Deutschland«, nicht mehr als ein verhaßtes Warenzeichen: *Damit können Sie mich jagen.*

An Deutschland hat er in seinem englischen Exil nicht mehr gern zurückgedacht, zumindest nicht im öffentlichen Gespräch. »He felt a little bit guilty about being German«, sagt Muriel Adams, die während der ersten Jahre in Sheerness die Tochter der beiden Johnsons bisweilen versorgte, wenn die Eltern verreisten. »Als mein Mann und ich einmal von einem kurzen Urlaub in der Nähe von Birmingham zurückkamen, haben wir Charles auch von unserem Besuch in der Coventry Cathedral erzählt. Und wie herrlich sie wieder aufgebaut ist. Da wurde er plötzlich ganz betreten und still. ›Diese Kathedrale hätte nie wieder aufgebaut werden müssen, wenn sie Deutsche nicht in Schutt und Asche gelegt hätten.‹ Ich glaube, er hatte da einen regelrechten Schuldkomplex.«

Manisch verantwortlich noch für die Vögel im Garten.

Kam das Thema auf Politik, schwieg sich der Dichter aus. Befragt nach seiner Ansicht etwa zu den Bergarbeiterstreiks oder zu den jüngsten Äußerungen Margaret Thatchers, hat er immer mit einem unwilligen Satz geantwortet: *I am a stranger.* Oder aber er hat die Gegenfrage gestellt: *Tell me, what's your opinion.* Das *Zuhören bei einem Gespräch anderer*, einerlei ob nun im Gasthof oder im Eisenbahncoupé – hat Johnson einmal formuliert –, sei Aufgabe und verbrieftes Recht eines Schriftstellers.

»Wir haben sehr viel miteinander geredet hier im ›Napier‹«, sagt Bill Harvey, der Zeitungshändler – und muß bei genauerem Nachfragen doch zugestehen, daß eigentlich nur er selbst es war, der da etwas von sich erzählt hat. »... discussing the weather, discussing my wife.«

Wesentliches wird Uwe Johnson aus diesen Plaudereien nur selten erfahren haben. »Manchmal«, sagt Ronald Peel, »wußte man gar nicht, ob er wirklich bei der Sache war, wenn er sich mit uns unterhielt.« Da war er dann wieder einmal in die Rolle von Gesines Vater Heinrich geschlüpft, hatte wie er eine Art, mitten im Gespräch wegzutreten in Gedanken, *als habe er die Anwesenheit des anderen vergessen.*

Und doch, dieser small talk übers Wetter, über die steigenden Bierpreise oder den jüngsten Polizeibericht waren festes Ritual während der täglichen Doppelstunde in seinem zweiten Zuhause, Surrogat für den fehlenden Familienplausch und – einmal mehr – eine *Ah-*

nung von Jerichow. Wenn er ins Träumen geriet beim vierten oder fünften Pint, schon ein wenig besäuselt von den *vergeistigten Säften, die das Gemüt erheben und bestärken in der Geduld gegen die Dinge, die da kommen werden*, dann genügten schon beiläufige Wahrnehmungen, bestimmte Reihungen von Vokalen und Konsonanten, um sich im Geist zu den Papenbrocks und Paepckes, zu den Niebuhrs und den Cresspahls zurückzukatapultieren und jene mentalen Dialoge in Bewegung zu setzen, die im Mittelpunkt der *Jahrestage* stehen. *Vieler solcher imaginärer Gespräche (die mir wirklich vorkommen) erschaffen sich selbst aus geringfügigen Ansätzen, aus einem Stimmton, aus einer charakteristischen Betonung, aus Heiserkeit, aus gleichen Wordtwurzeln des Englischen und Mecklenburgischen. Diese Fetzen genügen, in meinem Bewußtsein die Anwesenheit einer vergangenen Person zu erzeugen.*

Hier im »Napier«, in der gemütlichen Gegenwelt zur spartanischen Kammer daheim in der Marine Parade, Cresspahls guter Stube eher verwandt als Jakobs verriegeltem Turm, hier kamen die ins Stocken geratenen *Jahrestage* wieder in Gang, hier liegen die Wurzeln zum großen vierten Band der Tetralogie. Col und Ron, Muriel, Jeff oder Bill, Menschen, denen alles näher zu sein schien als das vergangene Mecklenburg der Johnsonschen Bücher, wurden zu Mitarbeitern seines letzten Romans, ohne freilich je von ihrer Komplizenschaft auch nur zu ahnen.

Neugierigen, die nach dem Beruf des sonderbaren

Gastes fragten, hat Johnson stets geantwortet, er schreibe an einem Krimi – womit er, die Freunde narrend und sein Werk verrätselnd, doch gleichsam eine wahre Auskunft gab. Denn wieviel mühsame Detektivarbeit verbarg sich hinter seiner Unternehmung drunten am Kellerschreibtisch, wieviel logistische Recherche, den Kabinettstückchen eines Sherlock Holmes oder einer Miss Marple nicht unverwandt, war erforderlich, um das logistische Mosaik der *Jahrestage* zusammenzusetzen, das Leben von Gesine Cresspahl auf Schritt und Tritt zu rekonstruieren? Und benahm sich der Schriftsteller, der im Verborgenen seinen größten Fall vorantrieb, mit einem falschen Namen seine Identität verwischte, nicht selber wie eines jener trickreichen Kombinationsgenies aus angelsächsischen Spuk- und Kriminalgeschichten?

»Eigentlich wissen wir nichts über ihn«, sagt Ronald Peel, der ihm zusammengerechnet mehr als fünftausend Stunden an der Theke gegenübergestanden ist, »wenn er überhaupt redete, stellte er immer nur Fragen, hörte zu und beobachtete – he had a terrible habit of staring at people – Fremde starrte er, zumal wenn sie auf seinem Stammplatz saßen, oft so lange an, bis sie, völlig irritiert, schon nach einem Pint den Pub wieder verließen. Gewiß, er konnte charmant und höflich sein, aber ich glaube, wenn alle Menschen so gewesen wären wie er, es wäre nicht auszuhalten auf dieser Erde. Sein IQ muß immens gewesen sein, aber auf Dauer war seine Gesellschaft kaum zu ertragen, wie er dasaß und guckte, immer nur guckte, manchmal über Wochen hinweg kaum ein Wort sprach. Und dann mußte ich jeden zweiten Tag zur Bank wegen ihm, weil er immer frische Pfundnoten als Wechselgeld haben wollte. Schmutziges Geld fasse er nicht an. Er war der totale Exzentriker, unberechenbar in seinen Launen. Bis zu seinem Tod ist er auch mir, der ich ihn täglich gesehen habe, ein Rätsel geblieben.«

Einer der wenigen in Sheerness, die wußten, daß sich hinter dem Namen Charles ein großer Dichter verbarg, war sein Nachbar Martin Harris. Er hat neun Jahre lang Seite an Seite mit Uwe Johnson gewohnt. Er sah ihn, wenn er Tag für Tag sein Haus in Richtung »Napier« verließ und pünktlich um neun an die Arbeit zurückkehrte, er hörte ihn allmorgendlich um zwei in der Früh schweren Schrittes die Holztreppe zum Schlafzimmer hinaufsteigen. »Auch auf Distanz war es nicht ganz einfach, mit seinen Unberechenbarkeiten klarzukommen. Mal konnte man hinreißend blödeln mit ihm, dann wieder war er völlig humorlos. ›Schöner Tag heute‹, habe ich ihm einmal zugerufen, als hier ausnahmsweise die Sonne schien. Er war völlig fassungslos, fragte ›Wie kommen Sie denn da drauf, Martin? Was bitte ist an diesem Tag schön?‹ Er war unnahbar und grenzenlos mißtrauisch. Oft habe ich ihm angeboten, in seiner Abwesenheit Pakete für ihn anzunehmen. Er hat es immer abgelehnt. Ich glaube, ihm war es lieber, daß seine Post an den Absender zurückgeschickt wurde, als daß ein anderer davon wußte. Es war schon schwer mit ihm, so gern wir ihn mochten. Als wir einmal – wirklich nicht mit lautem Getöse – renovierten bei uns, klingelte sofort das Telephon. Charles war dran und brüllte. Er habe einen Essay zu schreiben. Am nächsten Tag kam er mit einem riesigen Pralinenkasten und entschuldigte sich.«

Der Kunstmaler Martin Harris, von Johnson wegen seiner Bilder belächelt – die seien doch arg konventionell, *a little bit middle of the road* –, aber von ihm bewundert wegen seines konsequent durchgehaltenen Entschlusses, das Rauchen aufzugeben, gehörte in Sheerness zum kleinen Kreis derer, die ein Buch des Dichters besaßen. »Als ich ihn einmal im Garten sah, wie er sich gerade ungeschickt an seiner Hecke zu schaffen machte, kamen wir ins Gespräch. Er lud mich auf ein Glas Wein ein. Das kam schon ab und an vor. Wir saßen im Wohnzimmer und ich fragte ihn nach seinen Büchern. Er ging in den Keller und kam mit einer Übersetzung der *Mutmaßungen über Jakob* zurück. Er signierte das Exemplar und sagte: ›Lesen Sie das. Aber versprechen Sie mir, mich nie wieder darauf anzusprechen.‹« Die Sorge war unbegründet. Über Seite zehn ist Harris, wie er offen zugibt, nie hinausgekommen, da es ihm doch an der rechten Spannung gefehlt habe.

Versteckt in der Anonymität eines Charles Henry wollte Uwe Johnson ein Unbekannter bleiben. Ein bißchen näher an ihn heran kam nur, wer wie er verschlossen und schweigsam war. Ein Mann wie Joe Adams, auch einer von den Leuten im »Napier«, Bediensteter bei einer Wach- und Schließgesellschaft. Ihn, der bei einem Autounfall beinahe ums Leben gekommen wäre, nimmt Johnson mit auf eine Lesereise nach New York. Dort soll sich Joe erholen. »Er hat alles bezahlt für mich. Den Flug. Das Hotel. Unsere Drinks. Er hat mir sein früheres Haus am Riverside Drive gezeigt. Aber gesprochen haben wir wenig. Ich fand das angenehm. Intellektuell waren wir ohnehin nicht auf derselben Ebene.« Schweigend zogen die beiden Männer durch Manhattan. Im Flugzeug saßen sie in verschiedenen Reihen. Das war die Gesellschaft, die Uwe Johnson ertrug. Diesen Mann mochte er. Sogar auf der Hochzeitsfeier von Joes ältester Tochter ließ er sich ein paar Stunden sehen. Und von einer Lesereise schickte er den Adams' eine Postkarte aus München, die das Dasein des einsamen Schriftstellers, sein freiwillig gewähltes Exil, in zwei Sätzen zu erklären scheint: *Offenbar besteht die deutsche Seite meines Berufes zu großen Teilen darin, daß ich Reklame für mich machen muß. Bitte haltet mir meinen Platz auf der Insel frei. Ch.*

Das war es: er haßte den Rummel um seine Person, er haßte die Verehrer, die nicht nur an seinen Worten, sondern auch an seinen Fersen klebten. In Deutschland konnte er sich ihrer nicht erwehren; schon damals in Berlin-Friedenau, gerade aus der DDR gekommen, träumte er davon, fern von der Öffentlichkeit *in einem Postfach leben* zu dürfen. Aber um auf dem Markt, dem Literaturbetrieb, präsent zu bleiben, mußte er, auch wenn es ihm oft zuwider war, an seine physische Substanz ging, liebedienernd durch die Städte ziehen, *singen gehen*, wie er es nannte. Interviews, Lesungen und vor allem »das gesellige Beisammensein« im Anschluß: Schicksal eines Autors, der von seinen Büchern leben muß.

Gewiß, er war ein konsequenter und disziplinierter Arbeiter, der sein Tagespensum am Schreibtisch als *Auftrag* begriff, aber glücklich war er nicht mit diesem Beruf, der für ihn eine Passion im originären Sinne war. In den *Begleitumständen*, wie er seine Frankfurter Poetik-Vorlesungen aus dem Jahre 1979 nannte, hat er seinen Werdegang zum Schriftsteller mit Distanz und Selbstironie beschrieben. *Hätte es damals eine Wahl gegeben, ich riete mir von heute her zur Schmiedelehre.* Doch vom wohlmeinenden Zuspruch des Vaters – *der Junge soll es einmal besser haben* – zu Höherem bestimmt, habe er die Welt der Bücher für sich entdeckt: *weltvergessenes Lesen, fiebrig, süchtig … unübersehbares Alarmsignal, es hätte wahrgenommen werden müssen.* Aufgrund jener Leseanfälle, die er im Rückblick nur als *fatale Neigung*, ja sogar als *Anzeichen einer Sucht* ausdeuten könne, sei er schließlich *abgedrängt* worden *auf jene Bahn, an deren Ende der Beruf des Schriftstellers droht.*

Zur Einsicht gelangt, *daß es dem Stande des deutschen*

Schriftstellers gebricht an gewöhlichem Ansehen, zerrieben von der Sturheit der Finanzämter ebenso wie von einer oft oberflächlich-vorschnell urteilenden Kritik, will er seine gesamten Poetik-Vorlesungen als *Warnung vor dem Beruf des Schriftstellers* verstanden wissen, der – wie Johnson in bitterer Voraussicht schon zu Beginn der *Jahrestage* konstatiert hatte – hierzulande zumindest für lebende Autoren ein wenig einträgliches Geschäft sei – und das keineswegs nur in ökonomischer Hinsicht: *Es gehört nicht zu den Kennzeichen der deutschen Nation, ihre Bücher gleich zu lesen.*

Isolation, Schulden beim Verlag, Angewiesensein auf Brotarbeit: Der Schriftsteller Uwe Johnson wußte um den Preis, den er für sein Werk bezahlen mußte, für diese Expedition ins Reich der Toten, zu der er – gerade zwanzigjährig – aufgebrochen war. Mit Lebenden hat er sich fortan im Rahmen seiner Arbeit nur noch am Rande beschäftigt. Das gilt sowohl für die großen Romane, für die *Mutmaßungen über Jakob* oder für die *Jahrestage*, das gilt aber auch für die kleineren Unternehmungen, für die *Verzweigungen*, die Nachlaß-Edition der Berliner Journalistin Margret Boveri, und vor allem für seine Totenrede auf Ingeborg Bachmann *Eine Reise nach Klagenfurt*. Diese »Reise« ist ein Lehrstück über die Kunst des literarischen Nachrufs, all jenen ins Stammbuch geschrieben, die zehn Jahre später ausgerechnet den toten Uwe Johnson kübelweise mit selbstgefälligem Mitleid überschütten sollten. Ausgerechnet ihn, der jedes hohle Pathos verachtete, der wie kein anderer den Tod ohne jede Sentimentalität zu fassen verstand, von jungen Jahren an, schon im ersten Satz der *Mutmaßungen* seine Meisterschaft beweisend: *Aber Jakob ist immer quer über die Gleise gegangen.*

Zwanzig Jahre danach hat er in seinem Bachmann-Text der elend gestorbenen Freundin und Dichterkollegin würdig, präzise und kühl die Totenmesse gelesen, ein Requiem ohne Schnörkel, ohne schöne Reden, ohne Weihrauch und Bukett. Aus dem Nachruf zitierend, den er während einer Feierstunde der Akademie der Künste in Westberlin hielt, beginnt Johnson seinen Text: *Ingeborg Bachmann, außerordentliches Mitglied der Abteilung Literatur seit 1961, lebte vom 15. Juni 1926 bis zum 17. Oktober 1973.* An diesem Tag bricht er auf zu seiner *Reise* – und die war einmal mehr poetisches Programm: das Andenken eines Menschen zu beschreiben und dabei nicht das Leben, sondern das Sterben, das Nach-Leben in den Mittelpunkt zu rücken. Von der eigenen Biographie belehrt über die *Unentbehrlichkeit der Landschaft, in der Kinder aufwachsen und das Leben erlernen*, schlendert er durch Ingeborg Bachmanns Kärntner Heimat. Die Theatergasse entlang zur Stadtpfarrkirche *– hier haben die Klagenfurter bis 1776 ihre Toten begraben – danach nur noch bei einer Strafe von 12 Dukaten.* Hält für einen Moment inne an den Kindergrabsteinen. Liest die Inschriften und macht sich Notizen: *1622 klagt das Ehepaar Grimming von Stall es seien ihm sechs Kinder »bald nacheinand* *tot fürworden.«* Für vier Schilling fährt Johnson zum Zentralfriedhof Annabichl hinaus, geht über den »Garten der Ruhe« am Kriegsopferdenkmal vorbei, sucht nach dem Grab der Freundin. *Die gewünschte Auskunft bekommen Sie im Büro der Friedhofsverwaltung. Es ist Feld XXV, Klasse I, in der Reihe 3 die Nummer 16.* Viel mehr wird Uwe Johnson in Klagenfurt über Ingeborg Bachmann nicht erfahren. Eine Heimatlose wie er, eine Fremde wie Gesine.

Den Reisenden aber hat gerade dieser anonyme und austauschbare Tod fasziniert, das Egalisierende im Augenblick des Sterbens. Und so endet sein Text folgerichtig nicht mit einer persönlichen Würdigung, sondern mit einer exakten Funktionsbeschreibung des Krematoriums in Villach – hier ist die Tote nur noch eine von vielen tausend Urnen. Johnson zitiert über Seiten hinweg die Kärntner Zeitung. *Man hätte diesen Ofen auch mit Gas oder Koks heizen können, entschied sich jedoch für Nachtstrom-Elektrobetrieb, und zwar aus hygienischen Gründen. Durch Knopfdruck wird die Anlage in Betrieb gesetzt ... Zeigt die Skala 800 Grad an, wird der Sarg mit dem Verstorbenen in das Innere des Ofens befördert und die Hitze dann auf 1000 Grad erhöht. Der Verbrennungsvorgang benötigt bis zu zweieinhalb Stunden, ehe Toter und Sarg in Asche zerfallen. Jeder Leiche wird ein kleiner Schamotte-Ziegel mit Nummer beigegeben, der sich unverbrannt wiederfindet, so daß jedwede Verwechslung ausgeschaltet ist.*

Johnsons *Reise nach Klagenfurt* endet mit einem Abschied ohne Illusionen. Kälter und unversöhnlicher läßt sich der Tod eines Menschen nicht mehr beschreiben. Und so ist dieser paradigmatische Nachruf gleichzeitig ein genaues Abbild der düsteren Grundstimmung, in der die *Jahrestage* zwischen 1974 und 1983 ihren Abschluß fanden. Johnson wußte: wenn er ankommen wollte an jenem 20. August 1968, der seine Aufzeichnungen aus der entschwundenen Welt Gesine Cresspahls beenden sollte, mußte auch er sich eingraben in die Vergangenheit, in die Gegenwart mit Toten, und wie Gesine einen *psychischen Zustand für sich* anerkennen, *für den die Wissenschaften keinen genauen Namen nennen. Grob umrissen, war das ein Mangel an Vorfreude auf die Zukunft.* Präzise wie auf einem Krankenblatt hat Johnson die Symptome dieses Leidens beschrieben, das jede Wahrnehmung, jede Gefühlsregung ins Gestern verbannt: Als er in Gedanken mit Gesine am Hudson River entlanggeht, hört er ihre Stimme: *Dieser Sommer ist vorüber, das ist unsere zukünftige Vergangenheit, das sind unsere Lebenserwartungen.*

Eine literarische Figur mag mit solch verkürzter und verkrümmter Perspektive eine Weile existieren können, für den Mann, der sich dieses Prinzip Hoffnungslosigkeit erdacht und zum Leitfaden des eigenen Lebens erhoben hatte, muß es eine Tortur gewesen sein. *Das ist doch kein Leben wie der lebt.*

Und doch war jene Aura der Unnahbarkeit die einzige Daseinsform, die er ertrug. Zu eng war der Pakt mit den Toten, zu tief saß das Mißtrauen in die Gegenwart, die Angst vor immer neuen Verletzungen: *Wenn ich mich auf einen Menschen einlasse, könnte sein Tod mich schmerzen. Ich will diesen Schmerz nicht noch einmal. Ich kann es mir also nicht leisten, mich auf jemand einzulassen.* Allenfalls auf die oberflächlichen Bekannten im »Napier«. Sie belästigen ihn nicht und hatten doch Verständnis für sein rüdes Abblocken ebenso wie für seine unvermuteten Ausbrüche von Zutraulichkeit. Wenn er dann bei jener Akkordeonmusik, die er so liebte, sentimental wurde, bei »Lili Marlen« in Tränen der Rührung ausbrach oder plötzlich den Mackie-Messer-Song zu singen anfing, Arm in Arm mit Muriel Adams. Er auf deutsch und sie auf englisch: »See the shark with teeth like razors«.

Wenn er in Stimmung war, dann fuhr er mit den Gefährten aus dem Pub zum Pferderennen (dort hat er freilich weniger die Pferde als die Menschen beobachtet), dann schöpfte er aus dem Erinnerungsvorrat seiner großen Reise-Erfahrung und gab Urlaubstips (dabei immer vor Österreich, der Heimat Ingeborg Bachmanns, eindringlich warnend: *too many graves, too many graves*), dann vermischten sich wie in den *Jahrestagen* die Identitäten, dann zog er ein Buch aus der Tasche und signierte mit Charles U. Johnson, dann wurde aus dem stummen Eigenbrötler ein Entertainer, der – ein weißes Handtuch über den Unterarm gelegt – den Freunden das Bier servierte oder mit seinem Zeitungsverkäufer Charleston tanzte: »He danced like an elephant.«

Und am nächsten Tag war alles wieder vorbei. Dann

Das Johnson-Haus in der Marine Parade, Sheerness

Nora Harris, die dreimal in der Woche zum Saubermachen kam: »Zwei Tage vor seinem Tod hat er mir gesagt: ›Nächste Woche nicht. Ich habe zu arbeiten.‹«

Dem schwerverletzten Joe Adams hat Uwe Johnson dieses Hemd ins Krankenhaus gebracht.

Sheerness, Isle of Sheppey. *In einem besonderen, die Ferne aufklarenden Licht ...*

... kann man die Illusion haben, daß hier Mecklenburg liegt.

Ein Ort, wohin der Wind …

… grau und rauh kam das ganze Jahr.

In diesem Pub, dem »Napier«, saß der Dichter täglich zwei Stunden

Menschen aus dem Pub: Bill Shankley, der alte Schleusenwärter

Louis Miller, der Feuerwehrmann

Lilly Godliman, einstmals Balletteuse

Der Pubbesitzer in der Pose seines Stammgasts

»Er sah nicht gut aus, als er an einem Mittwoch hereinkam zu unüblicher Stunde ...

... Er schwitzte, wirkte völlig übernächtigt ...

... legte die Brille auf den Tresen und rieb sich die Augen.«

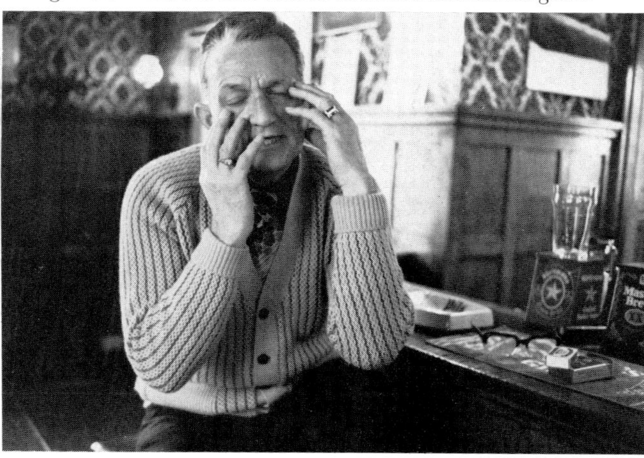

Der Mann von der Heilsarmee, für die Uwe Johnson regelmäßig spendete

Zwei Identitäten: Charles und Uwe Johnson

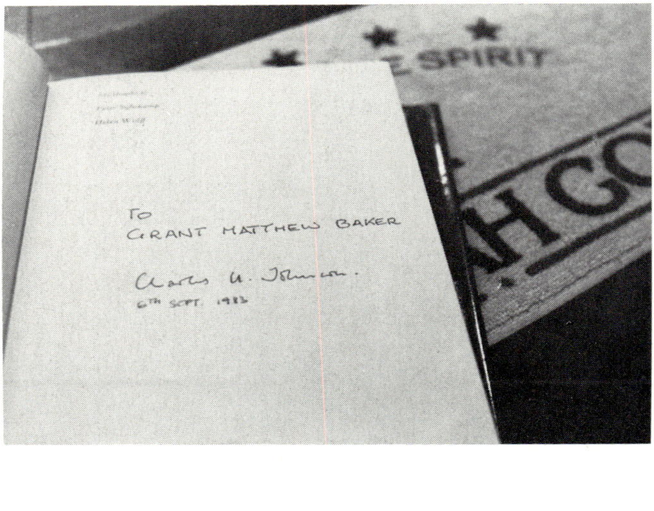

Innenansichten …

Ich werde die Städte verlassen …

Sie werden mich nicht entbehren …

Saß hinter verschlossener Tür ohne sich umzusehen …

und verzeichnete die entfernten Geschehnisse, die unablässig dahingingen

Der Arbeitsplatz im Keller

Das letzte aufgeschlagene Kalenderblatt

Alltäglicher Begleiter: »The New York Times«

Das letzte Frühstück

Mütze und Bademantel

hockte Johnson wieder gedankenversunken über seinen Bieren am Tresen, las und machte Notizen, reagierte unwirsch auf die leiseste Störung, schimpfte über die zu laute Musik, nahm den letzten Wodka und zog Schlag Neun pünktlich nach Hause, wie D. E., der Freund Gesines, *eine gewichtige, betrübte Figur in der Nacht*. Die Schaltuhr hatte daheim in der Marine Parade mittlerweile die Lichter angehen lassen. Er nahm die schwarze Mütze ab und setzte sich vor seinen spanischen Rotwein »Corrida«, von dem er jeden Freitag einen Zwölferkasten kaufte. Zwei Pfund neunundvierzig die Flasche, minus fünf Prozent Rabatt, den man ihm als Großkunden gewährte. Oben im Wohnzimmer saß er dann und sinnierte. Hat er da wirklich nur an Gesine Cresspahl gedacht, die Lebensgefährtin im Geiste, die der Krieg und seine Folgen heimatlos gemacht hatte wie ihn; die im Westen ebenso wenig seßhaft werden konnte wie im Osten, die der Krieg in Vietnam ebenso traumatisch verfolgte wie der Einmarsch der Russen in Prag? Hat er wirklich nur an Gesine gedacht, wenn er gegen Mitternacht die zweite Flasche entkorkte. Oder war es nicht doch auch – allen gegenteiligen Beteuerungen zum Trotz – jene Elisabeth Johnson, die seine Gedanken bewegte?

Zwanzig Jahre hatten die beiden über wechselnde Distanzen zusammengelebt. Kamen da nicht immer wieder Erinnerungen hoch, die er vergeblich in jenem Aktenordner einzusperren suchte, in dem er die Briefe seiner Frau aufbewahrt hatte? So läßt sich keine Ehe bewältigen – schon gar nicht von einem Mann mit diesem Gedächtnis.

1974 waren die Johnsons gemeinsam nach Sheerness gekommen, bezogen das Haus in der Marine Parade. Drei Jahre später ging Elisabeth Johnson fort und lebte doch nur zwei Straßen weiter in einer kleinen, bescheidenen Wohnung ohne Zentralheizung, ohne Telephon – zwei Minuten entfernt von ihm in der Unity Street.

Elisabeth has gone. Mehr hat er nicht gesagt, als er an einem Abend im November 1977 in den »Napier« kam. Seit diesem Zeitpunkt haben die beiden kein Wort mehr miteinander gesprochen. Nur noch einmal meldet sie sich bei ihm – mit einem Brief, in dem sie ihm ihre täglichen Wege mitteilt, damit er sie nicht sehen müsse. »Es war furchtbar«, erinnert sich Muriel Adams, die mit beiden näher bekannt war, »man durfte den Namen des einen nicht in Gegenwart des anderen nennen. Vorletztes Jahr wäre uns um ein Haar ein schlimmes Mißgeschick passiert, als wir unsere Weihnachtsgrüße verschickten. Versehentlich war die Karte für Elisabeth in den Umschlag von Charles geraten und umgekehrt. Wenn mein Mann den Irrtum nicht im letzten Augenblick bemerkt hätte, wären die Folgen nicht auszumalen gewesen. Zumindest Charles hätte uns das nie verziehen.«

Er wollte sie vergessen und blieb doch stets auf ihren Spuren: »Einmal kam er zu uns, Elisabeth war gerade ein paar Wochen fort«, erinnert sich die Nachbarin Susan Harris, »er schrieb eine Adresse auf einen Zettel und fragte, ob wir damit etwas anfangen könnten. ›Ja, da wohnt Elisabeth‹, antwortete ich. Charles stand wortlos auf und ging.«

Er wollte sich befreien und blieb ihr doch in einer Haßliebe verbunden, die ihn am Schreiben hinderte. Über zehn Jahre hinweg verschleppte sich die abschließende vierte Lieferung der *Jahrestage*. Kaum jemand – der Verleger Siegfried Unseld vielleicht ausgenommen – hat noch an die Vollendung des Johnsonschen Lebenswerkes geglaubt.

1979 versucht er das Scheitern seiner Ehe öffentlich aufzuarbeiten, schreibend die erlittenen Blessuren zu bewältigen. Obwohl er seinen Zuhörern *garantiert hat, daß private Mitteilungen zur Person entfallen werden*, bricht Uwe Johnson in den später auch als Buch publizierten Frankfurter Poetik-Vorlesungen sein jahrelanges Schweigen: *Dem Verfasser wird im Juni 1975, als er nach einem Umzug seine Arbeit wieder ausgepackt hat und ein Abschluß ernstlich in Aussicht steht, endlich eröffnet: sein Umgang mit den tschechoslowakischen Elementen des Buches sei durchaus weniger unabhängig und freihändig gewesen, als er zwar habe annehmen dürfen. Es gäbe in der Tat eine Möglichkeit, seine berufliche Integrität in Frage zu stellen. Denn er habe bei den »Jahrestagen« sich helfen lassen von der Absolventin eines prager Semesters, die er für seine Frau bloß gehalten, für seine Mitarbeiterin bloß angesehen habe ... In Wahrheit sei sie seit dem Herbst 1961 in inniger Verbindung mit einem Vertrauten des S. T. B., des tschechoslowakischen Staatssicherheitsdienstes, der über fast anderthalb Jahrzehnt seine Information zog aus einer Standleitung von Kontakt und Treff und Korrespondenz. Die Leute vom S. T. B., als Gast die Genossen vom ostdeutschen S. S. D., hatten über ihre »Weggefährtin« erfahren können, was der Verfasser in einem Geheimnis gesichert wähnte, von Anfang der »Jahrestage« an.*

Schonungslos und ohne Rücksicht auf Tabus, wenn auch nicht taktvoll, hat Uwe Johnson dargelegt, welche Konsequenzen sich für ihn und vor allem für sein Werk aus jenem Treuebruch ergaben, dessen er seine Frau bezichtigte. Von einer *Beschädigung der Herzkranzgefäße* war da die Rede, und von einem *writer's block*, der Schreibhemmung, die ihn in den nächsten Jahren quälte. Denn diese Frau, deren Verrat er nun an den Pranger stellte, war mehr als bloße Lebensgefährtin, mehr als bloßer Schatten eines großen Dichters. Wenn es überhaupt – neben dem Autor selber – einen Menschen gegeben hatte, einen lebenden, der Zugang und Einfluß auf das gigantische Projekt der *Jahrestage* hatte, dann war sie es gewesen, die ihn beriet und kritisierte: *Im Tschechischen, in der Sprache wie der Kultur wie der Ortskenntnis ausgebildet und geübt, seit sie im Herbst 1961 ein Semester verbrachte in Prag*, hatte sie die Materialien beschafft, Fakten geprüft, Dokumente übersetzt, die als Grundlage dienten für jene zahlreichen Passagen, in denen Gesine Cresspahl am Beispiel der Ära Dubček ihre eigenen politischen Utopien konkretisiert.

Wenn das wieder anfangen soll in einem sozialistischen Land: daß zu einem Mord ein Mörder gehört;
daß die Toten wenigstens ein Recht haben auf die Wahrheit ihres Todes;
daß die Todesfälle durch Gewalt, in der Nacht, im Geheimnis, hinter verschlossenen Türen verboten werden, und wenn nicht verhindert, verurteilt:
es könnte ja ein Sozialismus anfangen, mit einer in Kraft gesetzten Verfassung, mit der Freiheit zu reden, zu reisen, über die Verwendung der Produktionsmittel zu bestimmen, auch für den Einzelnen.

Das war ein gleichsam doppelt zertrümmerter Traum. Hier durch die russischen Panzer, die am 21. August 68 – einem Tag, nachdem die Geschichte der Gesine Cresspahl endete – auf den Wenzelsplatz rollten; dort durch das traumatische Ende einer jahrelangen Zusammenarbeit. Das politische Desaster, das Johnson bekannt war, als er mit der Arbeit an den *Jahrestagen* begann, hätte er in Worten betrauern können; die persönliche Katastrophe aber hat ihm die Sprache verschlagen, ihm, der, so hermetisch seine Existenz auch war, die eigene Arbeit eben nicht als Monolog verstand, sondern als Gespräch mit seinen Figuren – aber eben auch als Dialog mit seiner Frau Elisabeth.

In der Tschechoslowakei jedenfalls konnte sein Roman nun nicht mehr enden, ein Konzept war torpediert. *Mrs. Cresspahl hatte abgesagt...: »Ich wäre befangen, wollte ich weiter besprechen mit Ihnen, was ich tue den täglichen Tag, darun-*

ter doch Sachen der C. S. S. R.«

Detailliert offenbarte Uwe Johnson vor seinen Zuhörern in Frankfurt die erlittenen Blessuren. Über Jahre hinweg sei er nach dem Schock unfähig gewesen, etwas zu Papier zu bringen, ganze Wortfelder seien blockiert, mühsam müsse er nun versuchen, *sich im Alter von 44 Jahren das »Schreiben« wieder beizubringen, mit zwei Zeilen am Tag, fünf Zeilen in der Woche, aber nach drei Monaten eben siebzehn Seiten.*

Ein Werk schien zerstört, ein Mensch am Rande des physischen und psychischen Ruins. Und Schuld an dem allem sollte bei einer Frau liegen, die der Dichter nun öffentlich mit Vorwürfen überhäufte.

Elisabeth Johnson schwieg. Verteidigte sich nicht, so abwegig viele der Anwürfe auch klangen: Was um alles in der Welt sollten den tschechoslowakischen Geheimdienst ausgerechnet die *Jahrestage* interessieren? Wo lag das Geheimnis, das Uwe Johnson beschwor, das er verraten wähnte? Elisabeth Johnson schwieg. »Auch mir hat sie nie etwas erzählt«, sagt Muriel Adams, »nur Anfang Juli erinnerte sie mich immer an seinen Geburtstag und bat mich, eine Glückwunschkarte zu schicken. Damit wenigstens einer ihm schreibe, damit er nicht ganz allein sei.«

Für Uwe Johnson war seine Krise mit den öffentlichen Anschuldigungen in den Frankfurter Vorlesungen noch nicht überwunden. In seiner *Skizze eines Verunglückten*, einem kürzeren Prosatext, geschrieben 1981 zum siebzigsten Geburtstag von Max Frisch, wiederholt und verschärft er seine Attacken. Eine aggressive, makabre Parabel, eine artifiziell verschlüsselte Privatbotschaft. Der Schweizer Jubilar, selbst ein Meister literarischer Camouflage, wird sie verstanden haben, die Lebensbeichte des Schriftstellers Joachim de Catt, der in seinem amerikanischen Exil einen neuen Namen annahm und sich fortan Joe Hinterhand nannte. Dieser Joe Hinterhand nun hat in einem Anfall von Wut und Verzweiflung seine untreue Frau erschlagen.

In seinem Plädoyer, in das Johnson geschickt Formulierungen der eigenen Anschuldigungen aus den Poetik-Vorlesungen montiert, nennt Hinterhands Anwalt vor Gericht mildernde Umstände: *Dem Angeklagten sei nach fast vierzehn Jahren ehelichen Lebens, in der Tat nach zwanzig Jahren Zusammenlebens mit seiner Frau eröffnet worden, daß sie ihn getäuscht und belogen habe von Anfang an, insbesondere über ein Liebesverhältnis mit einem Bürger der Feindstaaten seit 1932, fortgesetzt und erneuert durch carnal knowledge ... fleischliche Bekanntschaft bis 1938, von 1932 bis 1947 unterstützt durch regelmäßige Korrespondenz, worin der Angeklagte habe eine Verschwörung erblicken müssen sowohl gegen seine Person als auch gegen seine Arbeit, da er durch ihr Bündnis mit einem Verfechter faschistischer Theorien geschädigt sei in seiner Glaubwürdigkeit, nachdem er gegen solche Theorien angegangen sei in Wort und Schrift.*

Eine Parabel, gewiß, und doch kommt hier in der autobiographischen Fiktion – deutlicher noch als in den

Frankfurter Vorlesungen – die Person des verletzten, in seiner Moralität erschütterten Dichters zum Vorschein, der – obwohl Atheist – seine Ehe als sakrosankt begriff, als moralisches Kontinuum, als *anachronistischen* Gegenpol *in einer Zeit, da der Ehebruch zum bürgerlichen Schwank verkommen sei.* In einem ergreifenden Text hat er gezeigt, wie sehr mit der persönlichen Geschichte gerade seine schriftstellerische Arbeit verknüpft, wie sensibel und gefährdet jenes Instrumentarium war, das für sein Werk zur entscheidenden Ressource wurde: die Fähigkeit des exakten Erinnerns, die er wie einen Kompaß zu nutzen verstand: *ich tu nur was ich im Gedächtnis ertrage.* Im Moment der Erkenntnis aber, *daß man ihm ein richtiges Leben vorgespielt habe inmitten eines falschen, sei sein Bewußtsein angehalten worden, arrestiert, versiegelt, bloß noch ein Behältnis, in dem starr Vergangenheit verwaltet werde.*

Damit war es vorbei mit dem Schreiben. Zu eng war die eigene Biographie mit der Biographie des Partners verknüpft. Traumatisch belastet, nicht mehr verfügbar für die Arbeit des Erfindens waren die Erinnerungen aus zwanzig Jahren: *das Lebensgefühl eines werdenden Vaters ... die Erregung beim ersten Aufstieg in einem Flugzeug ... die Erinnerung an die Geräusche des Hamburger Hauptbahnhofes ... Wie in die Fotografien, sei in die Vorräte der Erinnerung eine Sperre eingestanzt: Unwahr. Falsch. Vergiftet. Entwertet. Ungültig.*

Elisabeth Johnson schwieg auch zu diesem Buch. Verteidigte sich nicht. Beschuldigte Uwe Johnson diese

Frau zu Recht? Oder hatte sich da ein Eifersüchtiger, dem seine Arbeit über den Kopf gewachsen war, in wilde Phantasien hineingesteigert, um das drohende Scheitern der *Jahrestage* zu begründen? 1977, zwei Jahre nach dem Zeitpunkt, an dem er – wie er sagte – von dem Verhältnis seiner Frau erfuhr, wenige Monate, bevor Elisabeth Johnson das gemeinsame Domizil in der Marine Parade verließ, hat Johnson die eigene Eifersucht in einem undurchsichtigen Orakel umschrieben. Am Schluß des editorischen Vorworts zu den Erinnerungen von Margret Boveri findet sich ein Satz, der sich – zumindest im Zusammenhang mit den Poetik-Vorlesungen und der *Skizze eines Verunglückten* – wie eine Entschuldigung lesen läßt: *Der Herausgeber dankt seiner Frau, ohne deren Geduld und Mühe sein Unternehmen hätte scheitern können. (»Mit Eifersucht bist Du ohne Gras und Halm«)*. Diese Widmung wird auch 1982 in der Taschenbuchausgabe der Erinnerungen von Margret Boveri unkorrigiert übernommen.

Mit Eifersucht bist Du ohne Gras und Halm. Was hat Johnson mit diesem dunklen Satz gemeint, der erst dann ein wenig verständlicher wird, wenn man ihn umdreht und in den Konjunktiv verkehrt: Ohne Eifersucht wärest Du mit Gras und Halm? Aber ohne wessen Eifersucht? Sprach er von der eigenen Eifersucht, die da – um im Bild zu bleiben – alles niedermähte, jedes Gras im Keim ersticken ließ? Sprach er von jenen irrationalen Attacken, an die sich die Leute im »Napier« noch gut erinnern können? »Es muß 1975 oder 1976 gewesen sein«, sagt Grant Matthew Baker, der Taxifahrer, »es war an einem der seltenen Abende, an denen Elisabeth mit in den Pub kam. Irgendeiner von denen, die hier jeden Abend saßen, hat sie nur so aus Jux mit ›My dear‹ angeredet. Da steckte wirklich nichts hinter. Aber Charles ist sofort an die Decke gegangen, hat eine entsetzliche Szene hingelegt und hätte den Armen, der völlig verdutzt war, beinahe verprügelt.« Beruhten die Mutmaßungen über Elisabeth Johnson und ihren Ost-Agenten auf einem absurden Eifersuchtswahn? Waren das Hirngespinste eines Mannes, dessen traumatische Angst vor undurchsichtiger Geheimdienstarbeit schon in den *Mutmaßungen über Jakob* spürbar war und der in seinem fiktiven Nachruf auf sich selbst die Möglichkeit nicht ausgeschlossen hatte, *daß der gesamte auf Ostdeutschland bezügliche Teil der »Biographie« gefälscht ist und daß der Verstorbene unter dem Deckmantel eines gemütlichen Literaten Spionagetätigkeiten ausübte*?

»Einmal hat er mir gesagt«, sagt Martin Harris, »er lebe nur deshalb auf dieser Insel, weil er hier sicher sei, daß niemand sein Telephon abhöre.« Hatte der Schriftsteller über seinem hermetischen Arbeitsverhältnis mit Gesine Cresspahl die Bezüge zur Realität verloren? Manche Äußerung, die er als Charles tat, sprechen dafür, das Werk Uwe Johnsons aber spricht dagegen. Verpflichtet jener Genauigkeit, die er als erste Pflicht des Schriftstellers verstand, hat er jedes Detail recherchiert,

Formularnummern, militärische Dienstgrade überprüft, Betriebspläne eines Stellwerks in den fünfziger Jahren eingesehen, Wetterkarten aus Weltkriegstagen konsultiert! Um das Klima in amerikanischen Schulen auszuforschen, unter dem Gesines Tochter Marie litt, hat Johnson sogar selbst noch einmal die Schulbank gedrückt. *Das kam vor, anderthalb auf Recherchen verlorene Tage, die im Text einem Ergebnis von anderthalb Zeilen gegenüberstehen. Das war der Preis.* Und ausgerechnet dieser Uwe Johnson, der seine literarische Arbeit als *Ermitteln und Verbreiten von Wahrheiten* definiert hatte, sollte grob fahrlässig seine Frau gleich zweimal zu Unrecht bezichtigt haben?

Unten im Keller der Marine Parade, auf einem Bord zwischen Schreibpapier und Briefumschlägen, hat Uwe Johnson ein braunes Buch verwahrt, das aussieht wie ein Leinenband der alten Thomas-Mann-Ausgabe. War es das letzte Buch, das der Mann-Preisträger gelesen hat? Waren es die »Buddenbrooks« – das aristokratische Gegenstück zur Saga der Handwerksfamilie Cresspahl –, oder war es »Tonio Kröger«, auf dessen Erkenntnisekel sich Johnson immer wieder bezog?

Nein, das Buch mit dem braunen, von der Sonne gebleichten Deckel ist ein Blindband. In ihm hat Elisabeth Johnson ihre Geschichte aufgeschrieben. Eine Beichte, die ihr der Dichter abgerungen hatte, als er durch einen Zufall von der Untreue seiner Frau erfuhr. Schreibend, in tagtäglichen Eintragungen sollte sie, nach seinem

Verfahren, dem Bauplan der *Jahrestage*, ihre Schuld gestehen, den *begangenen Verrat* bekennen, Abbitte leisten. Sie hat es getan.

Alles war so passiert, wie es Johnson, der Wahrheitsfanatiker, seinen Lesern mitgeteilt hatte. Die Agententätigkeit des anderen Mannes wurde Elisabeth Johnson freilich erst bekannt, als die Affäre bereits beendet war. Von der Korrespondenz der beiden, die Elisabeth Johnson nun aus Prag anfordert, von den Auskünften, die Johnson akribisch über den anderen Mann einzieht, will der Dichter die Fortsetzung seiner Ehe abhängig machen. Zwei Jahre lang, von 1975 bis 1977, versuchen die beiden einen Neuanfang, bis die Tragödie, die bislang nur die beiden betraf, durch eine postum bis zum Überdruß erörterte Indiskretion von außen in der Öffentlichkeit ruchbar wurde. Und damit war die Ehe endgültig gescheitert.

Wie immer man diesen Vorfall drehen und wenden mag, interessant ist allein das, was Johnson in der *Skizze eines Verunglückten* seinen Lesern in dieser Sache mitgeteilt hat: Beide Partner hätten sich redlich bemüht, das Zusammenleben *fortzuführen über eine beträchtliche Zeit, bis sie darin gestört worden seien durch die Machenschaften eines Skandalschreibers. Die hätten in ihm das Instetten-Syndrom hervorgerufen.* So wie neunzig Jahre zuvor dem betrogenen Baron Instetten in Fontanes »Effi Briest«, war auch Johnson die Fortführung seiner Ehe nicht mehr möglich, als ein Dritter und damit eine potentielle Öffentlichkeit von dem Treuebruch wußte. Jetzt erst zogen die beiden den endgültigen Schlußstrich. Und Johnson verfügte testamentarisch: Kein persönlicher Gegenstand, kein Bild, kein Brief dürfe nach seinem Tode in Besitz seiner Frau übergehen. Mit der radikalsten aller denkbaren Zäsuren – um jeden Kontakt zu vermeiden, hat er selbst den Weg zum Scheidungsanwalt gescheut – hoffte er zu vergessen, ausgerechnet er, der Gedächtnisvirtuose, wollte zwanzig Jahre seiner persönlichen Geschichte ausradieren.

Da war nicht nur ein Leben, da war gleichsam das Fundament eines Lebenswerkes aus den Fugen geraten. Der abschließende vierte Band der *Jahrestage*, von Herbst zu Herbst stets neu angekündigt, schien unter den von Johnson selbst hinreichend benannten Umständen in weiter, nie erreichbarer Ferne. Der Roman war mit dem dritten, unbestreitbar schwächsten Band ohnehin ins Stocken gekommen. Das, was als Mosaik eines Jahrhunderts konzipiert war, drohte zu einer bloßen Auflistung von abrupt verknüpften Einzelnachrichten zu verkümmern. Diese dritte Lieferung war nicht mehr das lebendige Porträt einer Epoche, sondern über weite Strecken eher eine Tagesschau mit Überlänge. Die Unruhen an den kalifornischen Universitäten, der Index der Lebenshaltungskosten in den USA, die Stellung de Gaulles im französischen Generalstreik, die Propaganda der Prawda gegen den Frühling in Prag – all das bezog sich nun kaum mehr auf die Handlung des

Romans, auf das Leben der Gesine Cresspahl, sondern war beliebiges Zeitkolorit und nicht mehr, wie in den ersten zwei Bänden, von den Figuren reflektiert, durch polemische Montage zugespitzt. Der Einfall, die Erzählungen Gesines mit den Meldungen der »New York Times« zu unterbrechen, hatte sich totgelaufen und blockierte Ablauf und Lesbarkeit.

Der Autor war im Begriff – so stand zu befürchten –, der Faszination seiner eigenen Konstruktion zu erliegen. Nach tausend Seiten schien die Kraft erlahmt, im Konzeptionellen, aber auch in der Sprache. Waren es am Anfang farbige, anschauliche und überraschende Bilder, in denen Uwe Johnson von Mecklenburg und Manhattan erzählte, so bewegte er sich im dritten Band oft nah am manierierten und blumigen Klischee. Da ist die Rede von der *filzigen Empfindung des Schlafens*, die *zu trockenem Pulver zerfiel*, von *kriechender Feuchtigkeit* und *leerer Schwärze*. Und als sich Gesine der Zuckerrübenernte bei den Bauern in Jerichow erinnert, kann sie's nur noch in verquerer Metaphorik: *Wir träumten grau und weiß und gelb, den wuchtig bewölkten Himmel, die Ähren, die Stoppeln, die festen Sandwege.* So ließ sich das Unternehmen *Jahrestage* nicht zu einem erfolgreichen Ende führen – und das war nicht allein Schuld einer zerbrochenen Ehe.

Im November 1977 stand der Schriftsteller Uwe Johnson vor einem Neubeginn seines Lebens. Das Werk war am Scheitern, die Verbindung mit Elisabeth Johnson, der einzig realen Mitarbeiterin an eben diesem

Werk, unter dramatischen Umständen zu Ende gegangen, die Erinnerungen aus zwanzig Jahren waren zerstört. Da saß er nun allein in seinem düsteren Keller, von Gesine beharrlich zur Arbeit angetrieben: *Du Schriftsteller ... Ein Jahr habe ich Dir gegeben. So unser Vertrag. Nun beschreibe das Jahr ... Keine Ausflüchte!*

Und Johnson hielt den geschlossenen Kontrakt; fünfeinhalb Jahre hat er auf die Fixierung der verbleibenden zweiundsechzig Tage verwandt. Fünfhundert Seiten hat er schließlich für die Beschreibung von knapp neun Wochen gebraucht, ein mörderisches Unterfangen, dessen Ende er entgegenfieberte: *Friday. Noch neununddreißig Tage. Nicht einmal sechs Wochen ... Was immer die Angestellte Cresspahl tut, es wird den 20. August geben. Sie mag noch einmal an den Atlantik fahren, noch dreißigmal die Fenster hochschieben, für Marie die Sachen für den Herbst und Winter kaufen, in das Bett D. E.'s gehen, wann immer es ihr beliebt, sie wird noch zwei Tonbänder verbrauchen, »für wenn Du tot bist«, Marie soll ihre Krebssuppe bekommen, vielleicht bleibt ihr noch ein Traum bis ins Aufwachen hinein, überhaupt und durchaus wird sie befangen sein in einer Einbildung von Leben. In Wahrheit rutscht sie auf dem glatten Eis der Zeit dem Termin entgegen.*

Das Finale kündigt sich an, ein Schluß, der das Leben Gesines ein für alle Mal besiegeln wird, ein endgültiger Abschied, der jedes Wiedersehen ausschließt. Was noch zu erzählen ist, sind die letzten Momente vor dem Erwachen, die letzten Träume, die letzten Tage eines unwirklichen Lebens, das nur noch in Erinnerung befangen ist:

der Tod, der Regen, die See sind die einzig *wirklichen Sachen*, die Gesine geblieben sind.

Verzweifelt, gedemütigt und allein hat sich Johnson im vierten Band noch einmal aufgemacht, letzte Kräfte mobilisiert. Unsentimental, oft mit zynischer Kälte hat er auf den Schlußtag zugeschrieben. Da ist nichts mehr von süßlicher Verklärung einer vermeintlich besseren Vergangenheit geblieben, das Loblied auf das erfüllende Landleben ist verstummt. Die Beschwörung einer gestrigen Idyllenwelt wird als Täuschung denunziert. Beginnen Band eins und drei der *Jahrestage* noch mit einem Bilderbogen aus der geliebten Seelandschaft, war da von *langen Wellen, schwarzem Wasser* und *morgendlicher Kiefernfinsternis* die Rede, erinnerten die ersten Sätze der zweiten Lieferung wenigstens noch an ein Kapitel domestizierter Wasserfreuden, an den »Mediterranean Swimmingclub« am Riverside Drive, so verzichtet Johnson nun im vierten Band auf jedes liebliche Entree. Es gibt keine Refugien mehr. *Aufgewacht von flachem Knallen im Park, Schüssen ähnlich. Unerschreckt stehen Leute an der Bushaltestelle gegenüber. Hinter ihnen spielen Kinder Krieg.*

Selbst die Illusion von Heimat ist nun zerstört. New York ist nicht Jerichow – und Jerichow ist mittlerweile eine moderne Großbaustelle in der DDR. Die alte Bahnlinie nach Gneez ist demontiert; vorbei sind die Zeiten, da Albert Papenbrock die durchfahrenden Züge an seinem Gut zum Ein- und Aussteigen stoppte; Asphalt liegt über dem Kopfsteinpflaster, auf den Dächern ragen Fernsehantennen in den Himmel, das Cresspahl-Haus am Ziegeleiweg ist verwaist, *tot*, im Sinne des sozialistischen Fortschritts verplant, in Parzellen aufgeteilt: *Die kleinere Hälfte an den Veteranenclub der Volkssolidarität; leider geschlossen; die andere Hälfte könnte später einmal ein Kindergarten werden. Davon ist vorerst nur eine Zukunft zu sehen: Das Betreten der Baustelle ist fremden Kindern verboten. Eltern haften für ihre Kinder* ... In den Vorgärten der Häuser liegen *weiß angestrichene Autoreifen, mit Erde gefüllt, als Blumenschalen; neuer mecklenburgischer Volksbrauch?* Einst wurde hier an Straßenbuden räucherfrischer Aal verkauft, direkt auf die Hand, zum Anbeißen; heute hat die bürgerliche Eßkultur Einzug gehalten ins Jerichow des Arbeiter- und Bauernstaats. In einem Transithotel sitzen Westtouristen und zerlegen ihren Fisch mit *Silberbesteck* auf *Markenporzellan* und trinken – nicht wie einst die Cresspahls Bier und Schnaps – sondern *Chablis* aus einem *Kristallglas* dazu. Auf dem Marktplatz prangen die Transparente der Partei, aus einem Lautsprecher dudelt Propaganda.

Da wo ich her bin das gibt es nicht mehr. Und hätte es auch nicht wieder gegeben, *wenn Jerichow zum Westen gekommen wäre.* Nein, Johnson erzählt kein Märchen im Geist des Kalten Krieges. Er war kein Renegat. Aufgebrochen aus dem Osten ist er nie im Westen angekommen. Er blieb der Mann zwischen den Fronten, der sich als Auswanderer, nicht aber als Verfolgter eines totalitären Systems begriff. *Er gedachte den Flüchtlingslagern mit ihren di-*

versen Geldern fernzubleiben; er war kein Flüchtling (außer im Verständnis von Behörden, die er aufgegeben hatte). Unter Flucht verstand er eine Bewegung in großer Eile, unter gefährlicher Bedrohung; er war mit der Stadtbahn gekommen.

Ein leiser Aufbruch, wie immer. Da hat einer nur zwischen zwei Übeln gewählt. Das war keine Reise in eine bessere Welt. Er wußte sehr wohl, wäre Jerichow ein Dorf im Westen, aufpoliert vom Wirtschaftswunder, es hätte das Tempo der Zerstörung nur forciert. *Die Stadtstraße wäre ein Kanal zu ebener Erde, asphaltiert, eingefaßt von Kristallglas und Chrom. Auch in den ärmsten Häusern wären die Kreuzstöcke ausgebrochen, ersetzt durch Schaufenster und durch doppelglasig versiegelte Apparate, zweiseitig schwenkbar. Zwei Fahrschulen, ein Reisebüro, eine Filiale der Dresdner Bank. Elektrische Rasenmäher, Haushaltsgeräte aus Plastik, Taschenradios, Fernseher. Methfessel jun. hätte den Verkaufsraum der Schlachterei voll verkachelt. In der Einfahrt der Sportwagen des Gesellen mit Überrollbügel.*

Das Jerichow der Gegenwart ist ein Ort ohne historische Tiefe, austauschbar, beliebig. Menschen wie Gesine, Menschen wie Johnson, Menschen im Bann von Toten haben hier nichts mehr verloren; belächelte Fossilien sind sie, diese Mecklenburger – und das nicht nur in Johnsons Phantasie.

Er sei ein Problem geblieben für ein Geschlecht, das andere Wege gegangen sei, schreibt der Autor der *Jahrestage* – einen Nachruf der »Berliner Zeitung« aus dem Jahre 1938 zitierend – über Ernst Barlach, den Bildhauer und Dramatiker aus Güstrow, in dessen Werk Gesine eigene Sehnsüchte wiedererkannte, dessen geistige Nähe Johnson immer wieder beschwor, dessen Bilder Erinnerungen an die Heimat wachriefen.

In Uwe Johnsons Nachkriegs-Mecklenburg aber gedachte man Barlachs nur ungern. *Als rückwärts gewandten Künstler* hatte ihn das »Neue Deutschland« gebranntmarkt – in einem Artikel, an den sich Gesine aus ihrer Schulzeit erinnerte, als Mann, *den die Orientierung auf eine verfaulende Gesellschaftsschicht den Zugang zu dem großen, progressiven Strom des deutschen Volkes verschlossen* habe. Johnson wußte nur zu genau, wie sehr der Bannstrahl über Ernst Barlach, den Gesine beklagt, auch ihn selber berührte.

Ein Heimatloser wie Barlach, war der junge Dichter damals in der DDR ein unzeitgemäßer Vertreter seiner Kunst: »Herr Johnson weiss nichts über das primäre menschliche Interessengebiet, die Gesellschaft.« Sagte immerhin Peter Hacks, 1959, auf einer öffentlichen Diskussion des Deutschen, Ost und West PEN-Zentrums.

Ein Heimatloser wie Barlach aber war Johnson auch später in der Bundesrepublik. Fremd, weil er sich jedem Freund-Feind-Schema verweigerte. »Sind das die Produkte der Erziehung im Diktaturstaat Ulbrichts?« Fragte immerhin Hermann Kesten in der »Welt«, nachdem Johnson im Herbst 1961 auf einer Veranstaltung in Mailand sehr differenzierte Gedanken zum Mauerbau geäußert hatte. Und als der damalige Minister des

Äußeren, Heinrich von Brentano, wenig später erfuhr, daß der Autor der *Mutmaßungen über Jakob* als deutscher Vertreter in die Villa Massimo nach Rom eingeladen worden sei, legte der CDU-Politiker Protest ein. Uwe Johnson habe »keinen Anspruch darauf, von dieser Bundesrepublik als Stipendiat und Sprecher ins Ausland geschickt zu werden.«

Nein. Kein Heimweh nach Deutschland.

Aber eben auch kein Warmwerden anderswo. Nicht als Schulbuchlektor in New York (hier hat Johnson am Riverside Drive, wie Gesine, die Jahrestage zwischen dem 20. August 1967 und dem 20. August 1968 verbracht); auch nicht als einsamer Dichter in Sheerness. Zu eng war dieser Ort mit der persönlichen Tragödie verbunden.

Was blieb, war die Erinnerung, die Statik der Vergangenheit, die sich nicht mehr leben, allenfalls erzählen ließ. Die *Jahrestage* sind ein Vermächnis aus dieser Zeit, deren letzte Vertreterin Gesine Cresspahl heißt, die Spuren sichert *für wenn ich tot bin.* Ob ihre Erzählungen von den Nachgeborenen verstanden werden können, stellt der Autor selbst in Frage. Marie jedenfalls, die zehnjährige Tochter, vermag die Sehnsucht der Mutter nach Mecklenburg nicht mehr zu begreifen. *Ich möchte nirgends leben, nur in New York.*

Marie ist im Lot, mit sich selbst im Reinen, fest verankert im Alltag ihrer Stadt. Bewußt beginnt sie, sich von Gesines manischer Fixierung auf die Vergangenheit abzugrenzen. *So kann ich nicht leben, wie du es von mir verlangst.* Die Geschichten von den Toten aus Mecklenburg kann sie nicht ertragen. *Du machst dir dein Jerichow ganz leer. Bald kenn ich da keinen Menschen mehr.*

Tod und Sterben, für die zehnjährige Marie Cresspahl ist das allenfalls eine Angelegenheit der elektronischen Medien. Als am 9. April 1968 Martin Luther King zu Grabe getragen wird, registriert Johnson in der Cresspahl-Wohnung am Riverside Drive eine grundsätzliche Auseinandersetzung zwischen Mutter und Tochter.

– *Wenn Du mir jetzt keinen Fernsehapparat kaufst, laß ich uns einen schenken von D. E., von Mr. Robinson oder sonstwem!*

– *Nein. Wir können uns einen leihen.*

– *Mindestens!*

– *Nur wozu? Das Begräbnis von King ist doch zu Ende.*

– *Für den nächsten, Gesine. Für den nächsten, den sie totschießen. Für den nächsten.*

Er wird Robert Kennedy heißen. Über dreißig Seiten hinweg hat Johnson den *amerikanischen Tod* des Präsidentschaftskandidaten beschrieben. An den Straßenecken stehen, schon am Tage nach dem Attentat, fliegende Händler mit Stickers und Plaketten – »zum Gedenken an einen großen Amerikaner«. *Einen könnte man kaufen für Marie.* Gesine kennt ihre Tochter.

Gebannt verfolgt Marie vor dem Bildschirm das Spektakel hilfloser Trauer. Endlose Menschenschlangen ziehen durch Washington, das Fernsehen unterlegt die Bilder mit dem langsamen Satz aus Mahlers Fünfter Symphonie. *Den Nachruf des jüngsten Bruders kennt Marie nahezu auswendig, weiß auch die Stelle, an der ihm die Stimme zu brechen beginnt.* Immer wieder die immer gleichen Sequenzen, die Beerdigung gerät in der Wiederholung zur tragikomischen Slapstick-Szene. Zum zehnten Mal durchbricht ein Sohn des Ermordeten das starr festgelegte Zeremoniell, will den Sarg des Vaters tragen helfen, Zwischenschnitt auf das Gesicht der weinenden Witwe, der Friedhof gleicht einer Hollywood-Arena, *der wahre Herrscher ist ein Kameramann, hoch über allen hängt er vor seinem Gerät in einem Sessel, der sein Gesäß nachbildet.*

Wie bescheiden dagegen starb man in Jerichow, wie sachlich und unprätentiös gedenkt Gesine ihrer Toten daheim: *Im Juni 1942 wurde Dr. Avenarius Kollmorgen, niedergelassenem Rechtsanwalt in Jerichow, das Leben zuwider, und er gab es auf.* Die Trauergemeinde zog *in offensichtlich geliehenem Schwarz* über den Kirchhof. Ein Familienfest. Beim Leichenschmaus gab es Braten, Schnaps und Bier.

Gesine und Marie scheinen gleichermaßen angezogen von der Faszination des Todes, der sich freilich für Mutter und Tochter so grundlegend anders präsentiert – Amerika versus Mecklenburg: hier der pompöse Abgang, die kurzlebige Sensation im Rahmen einer aufwendig ausgestatteten Unterhaltungsserie, dort der schlichte Epitaph, allein dazu bestimmt, den Nachgeborenen ein Zeugnis abzulegen.

Mutter und Tochter können einander nicht mehr verstehen. *Ich will nichts von den Toten jeden Tag,* klagt Marie, als die Mutter wieder einmal ihre Nekrologe anstimmt. Gesine ergeht es kaum anders, als sie die Tochter ergriffen vor der Totenshow im Fernsehen sitzen sieht. D. E., der Freund, soll helfen.

Hol sie mir zurück. D. E.

Zu dir?

Weg von den Kennedys.

Hat sie solche besessene Freude am Kummer nicht von dir?

Wenn das von mir ist, nimm es ihr weg. Hol sie da raus.

Freie Hand?

Hol sie dir, D. E.

Das unterschiedliche Leben mit den Toten ist es, das Mutter und Tochter entfremdet. *Das Kind soll haben, was ich nicht bekam,* sagt Gesine, die Prinzipien ihrer Pädagogik erläuternd, am Anfang der *Jahrestage.* Doch so, im Sinne der Überflutung mit künstlich evozierten Sentimentalitäten, hat sie es bestimmt nicht gemeint. Ob Marie am Ende wirklich besser dasteht als die ewig gestrige Gesine, bleibt offen.

Gewiß aber ist, daß sich Johnson – den Bruch zwischen den Generationen herausarbeitend – bewußt die Möglichkeit verstellt hat, den Roman seines Lebens einmal mit Gesines amerikanischer Tochter fortzuführen. Die Linie der Cresspahls, die Johnson in seiner mecklenburgischen Familiensaga zurückverfolgt hatte bis ins vergangene Jahrhundert, ist mit Gesine abgerissen ein für alle Mal. Zu Marie, entschwunden in der Neuen

Welt, gibt es keine Brücken mehr. Ihre Geschichte muß ein andrer schreiben.

Gesine selbst begreift die letzten beiden Monate der *Jahrestage*, die letzten Dialoge mit dem Autor als *Eingewöhnung in den Abschied*. Der vierte Band summiert das große Sterben. *Eine Todesnachricht überbringen*, lautet das Erzählprinzip. Heinrich Cresspahl stirbt, D. E. stürzt in einer Cessna über Finnland ab, der alte Pastor Brüshaver, der einst mutig Lisbeth Cresspahl die Totenrede gehalten, die Selbstmörderin mit allen kirchlichen Ehren begraben hatte, erliegt den Spätfolgen seines KZ-Aufenthaltes. *Vadding Brüshaver is dot.*

Und noch einmal erinnert sich Gesine ihres Mitschülers Pius Pagenkopf. Dreizehn waren sie damals, die erste scheue Jugendliebe. Gemeinsam traten sie dem Schwimmclub bei, der SV Forelle hieß, gemeinsam schlenderten sie zu den Gruppenstunden der FDJ, gemeinsam meldeten sie sich zu Aufräumarbeiten bei der Deutschen Reichsbahn. *Pius und ich waren ein Paar.*

Unter dem Datum seines Geburtstages, am 20. Juli, einen Monat bevor die Jahrestage enden werden, erzählt Johnson eine Liebesgeschichte, die einzige in seinem ganzen Roman. Traumatisch belastet durch die Allgegenwart der gescheiterten Ehe, in mönchischer Askese seine Freiheit suchend – *ich tu, wonach mir ist, statt meinen Drüsen und Hormonen zu gehorchen*, läßt er Gesine sagen –, skizziert er in der Erinnerung ein zartes Ge-

genbild, träumt sich zurück in eine unschuldige Kinderromanze.

In 366 von 367 Jahrestagen hatte Gesine immer wieder ihre eigene Bindungsunfähigkeit thematisiert: *ein Leben in der Ehe, von mir wird Marie es nicht lernen. Eine Ausnahme für ein Fest, einmal, nicht allemal. Wenn wir etwas zu feiern haben*; in all seinen Arbeiten hatte der Schriftsteller Uwe Johnson Einzelgänger gezeichnet, zerrissene Beziehungen. Und nun auf einmal, am Ende seines Werks, in einer einzigen Eintragung, wagt sich im Totenhaus der *Jahrestage* die Liebe hervor – und wird doch im selben Augenblick schon wieder ins Gestern verbannt. Mehr hat Johnson nicht zugelassen. Die Geschichte von Pius und Gesine ist eine der erschütterndsten Passagen seines Romans. *Als ein Paar fuhren wir zur wilden Badestelle am Südufer des Gneezer Stadtsees, ohne die anderen schwammen wir schräg querüber zu den Bootshäusern ... gemeinsam kamen wir zu dem Rest der Klasse zurückgeschwommen, und offensichtlich hatten wir die ganze Zeit miteinander geredet. War ich da, einmal ohne ihn, sangen sie noch einmal die Frage, ob denn Liebe Sünde sei, aber das mit der Verlegenheit hatte Pius mir ausgetrieben, und sie lernten, sich bei mir nach ihm zu erkundigen. Waren wir doch die, die trockneten sich an einem Handtuch ab, das Paar.*

Aber auch Pius ist längst tot, als Testpilot der Sowjetischen Luftwaffe im Dezember 1964 verunglückt, nach Gneez überführt in einem *zugeschweißten Sarg. Der wäre nur mit industriellem Gerät zu öffnen gewesen.*

Wie Jakob, der unter eine Lokomotive geriet, oder

D. E., der abstürzte, ist nun auch der letzte Freund Gesines eines widernatürlichen Todes gestorben, zum Opfer der modernen Technik geworden. Dahinter steckt Methode, da hat Johnson, der altmodische Erzähler, seine Urangst, das eigene Fremdsein in diesem Jahrhundert preisgegeben.

Verloren steht Gesine in ihrem leeren Jerichow. Hat – wie sie drei Tage vor Ablauf ihrer Frist am 20. August erkennt – nur *versäumt, sich umzubringen.* Wollte – im Dialog mit dem Autor – vorher erst ihre Geschichte erzählen, *klar Schiff machen, reinen Tisch.* Was nun geschehen ist. Gesine sehnt sich fort zu all den Toten, derer sie sich in den *Jahrestagen* erinnert hat, heim nach Mecklenburg zu Jakob: *ich möcht da beerdigt werden. Wenn du die Gemeinde dazu kriegst, den alten Friedhof noch einmal zu öffnen. Es braucht kein eigenes Grab zu sein. Jakobs genügt mir.*

Noch einmal träumt sie vom Barlach-Haus am Inselsee in Güstrow, von der Schlittschuhbahn auf dem Kamm des Heidbergs, von den Augenblicken der Kindheit, als *das hinter dem Wasser sanft ansteigende Land leuchtete, da die Sonne gerade düstere Regenwolken hat verdrängen können; welch Anblick mir möge gegenwärtig sein in der Stunde meines Sterbens.*

Ein einziges Mal wird Gesine sentimental. Sie weiß es. Aber sie will ihre Erinnerungen und Sehnsüchte so und nicht anders in den *Jahrestagen* festgehalten wissen: *Es ist uns schnuppe, ob dir das zu deftig beladen ist, Genosse Schriftsteller. Du schreibst das hin! Wir können auch heute auf-*

hören mit deinem Buch. Dir sollte erfindlich sein, wie wir uns etwas vorgenommen haben für den Tod.

Der Tod als letztes gemeinsames Unterfangen: *wir* haben uns etwas vorgenommen, sagt Gesine zu Johnson, sagt Johnson zu Gesine: *was heißt hier sie, was heißt hier ich.* Die Mission ist beendet. Gesine fliegt an die dänische Küste, der Schriftsteller kann die letzte Eintragung der *Jahrestage* notieren. Sicherheitshalber setzt er unter das ganze einen nüchternen Zeitvermerk, der das unwiderrufliche Ende eines über fünfzehnjährigen Leidens markiert: *29. Januar 1968, New York, N.Y. – 17. April 1983, Sheerness Kent.* Rien ne va plus.

»Besonders in der letzten Zeit ist er immer stiller geworden«, sagt Ronald Peel, »hat noch weniger geredet, nur stumm mit seinem Pintglas auf den Tresen gehauen, wenn ich ihn nicht gleich bediente. Die wenigen engeren Kontakte, die er hatte, etwa zu Joe oder Jeff, hat er einschlafen lassen. Er hatte alles aus den Leuten hier herausgequetscht. Von ihnen konnte er nichts Neues mehr erfahren. Die Insel, auf die er vor zehn Jahren gekommen war, bot keine Geheimnisse mehr. Er hatte seine Arbeit getan. Er war fertig hier.«

Zur Frankfurter Buchmesse 1983 erscheint der vierte Band der *Jahrestage*. Im Spätherbst, auf einer Lesetournee durch die Bundesrepublik bricht Johnson zusammen. Er reist zurück nach Sheerness. Er wolle die Familiengeschichte der Cresspahls nun in einer großen tabellarischen Chronologie darstellen, sagt er. Die Hälfte habe er schon geschrieben. Das Buch wird in den Katalogen des Suhrkamp Verlages bereits angekündigt. Johnson habe – so hört man – die lange Krise überwunden, sei in *der* Form seines Lebens.

Im März 1984, als der Tod des Dichters bekannt wird, findet sich in der Marine Parade keine einzige Seite, die auf eine Weiterführung der Cresspahl-Geschichte hindeutet. Er hat nicht mehr geschrieben. Der Stoff seines Lebens war verbraucht, der *Auftrag* erfüllt, das literarische Testament *für wenn ich tot bin* bei seinen Lesern hinterlegt.

In der Nacht zum 23. Februar 1984 kam der Schriftsteller Uwe Johnson, wie D. E., der ihm in vielem so ähnlich war, *seinem Dasein abhanden.* Beschritt jenen Weg, den er auf Seite 1891 seines Romans, der letzten, vorausahnend beschrieben hatte, Gesine, den lebenslangen Schatten, im Moment des Sterbens ein erstes und einziges Mal berührend: *Beim Gehen an der See gerieten wir ins Wasser. Rasselnde Kiesel um die Knöchel. Wir hielten einander an den Händen: ein Kind; ein Mann unterwegs an den Ort wo die Toten sind; und sie, das Kind das ich war.*

Vier Bemerkungen zum Schluß

Erstens: Meine Recherchen vor Ort in Sheerness haben ergeben, daß Uwe Johnson in der Nacht vom 22. auf den 23. Februar gestorben sein muß. Es gibt eine andere, auf einem Poststempel basierende Version, derzufolge der Autor der *Jahrestage* erst einen Tag später, also am frühen Morgen des 24. Februar gestorben ist. Ich glaube nicht, daß postum definitive Klarheit zu erlangen ist – allein: die Frage scheint mir sekundär.

Zweitens: Die verwendeten Johnson-Zitate – in meinem Text durch Kursivdruck ausgewiesen – entstammen folgenden Werken: *Begleitumstände. Frankfurter Vorlesungen* 1980; *Das dritte Buch über Achim* (1961); *Eine Reise nach Klagenfurt* (1974); *Jahrestage. Aus dem Leben von Gesine Cresspahl* (1970–1983); *Mutmaßungen über Jakob* (1959); *Skizze eines Verunglückten* (1981). Alle Suhrkamp Verlag, Frankfurt. Außerdem: Margret Boveri, *Verzweigungen*, herausgegeben und mit einem Vorwort versehen von Uwe Johnson (Piper Verlag, München, 1977) und *Vorletzte Worte. Schriftsteller schreiben ihren eigenen Nachruf*, herausgegeben von Karl Heinz Kramberg (Bärmeier und Nikel, Frankfurt, 1970).

Drittens: Der ursprünglich angekündigte Titel »Für wenn ich tot bin« wurde, einem Wunsche des Suhrkamp Verlages entsprechend, zurückgezogen.

Viertens und in eigener Sache: Dem vorliegenden Text liegt meine Reportage im »Stern« zugrunde (»Der Unbekannte von der Themse«, Heft 22/84). Um diesen Artikel hat sich in den vergangenen Monaten eine abstruse Presse-Fehde entwickelt, von der im Endeffekt nur einige Rechtsanwälte profitiert haben dürften. Sie hat in diesem Buch keine Rolle gespielt. Hier geht es allein um das Werk eines Autors, das, wie hier zu zeigen war, Seite für Seite aus »Bruchstücken einer großen Konfession« besteht und derart die poetische Summe eines Lebens zieht.

München, August 1984 T. J.

Zeittafel

1934	Uwe Johnson wird am 20. Juli im pommerschen Kammin (heute: Kamien Pomorski) geboren. Bis zum Alter von 10 Jahren lebt er in Anklam.
1944	Besuch einer »Deutschen Heimschule«.
1945	Flucht nach Recknitz, Mecklenburg.
1946	Besuch der Oberschule in Güstrow. Abitur.
1952–54	Studium der Germanistik in Rostock.
1954–56	Studium der Germanistik in Leipzig. Förderung durch Professor Hans Mayer. Diplomprüfung. Die Behörden erklären, Johnson sei »nicht geeignet für Beschäftigung in staatlichen Institutionen«. Ablehnung des ersten Romanmanuskripts (»Ingrid Babendererde«)
1957–59	»Wissenschaftliche Heimarbeit«, »Studium« der »Eisenbahnverbindungen zwischen Sachsen und Mecklenburg«. Der Roman »Mutmaßungen über Jakob« erscheint in Suhrkamp Verlag Frankfurt am Main. Umzug nach West-Berlin.
1960	Theodor-Fontane-Preis. West-Berlin.
1961	Erste Reise in die USA. »Das dritte Buch über Achim« erscheint.
1962	Stipendiat der Villa Massimo in Rom (gegen den Einspruch des damaligen Bundesaußenministers). Prix International de la Littérature.
1964	»Karsch und andere Prosa« erscheint.
1966-68	Aufenthalt in New York, zunächst als Schulbuchlektor, dann als freier Schriftsteller. Beginn der Tetralogie »Jahrestage. Aus dem Leben von Gesine Cresspahl« (1970 Band 1, 1971 Band 2, 1973 Band 3, 1983 Band 4). Stipendiat der Rockefeller Foundation.
1967	Ernennung zum »Knight of Mark Twain«.

1968	Rückkehr nach Berlin-Friedenau, Weiterarbeit am Roman.
1969	Mitglied der Akademie der Künste (West-Berlin) und des PEN-Zentrums Bundesrepublik Deutschland.
1971	Georg-Büchner-Preis.
1973	Vortragsreisen in Italien, England und Frankreich.
1974	Umzug nach England. Johnson läßt sich in Sheerness-on-Sea auf der Isle of Sheppey, Kent, nieder. »Eine Reise nach Klagenfurt« erscheint.
1975	Wilhelm-Raabe-Preis der Stadt Braunschweig. Schwere persönliche Krise und daraus folgende »Beschädigung der Herzkranzgefäße« sowie länger andauernde »Schreibhemmung«.
1977	Aufnahme in die Deutsche Akademie für Sprache und Dichtung (Darmstadt), die Johnson 1979 wieder verläßt.
1979	Thomas-Mann-Preis der Hansestadt Lübeck. »Dozentur für Poetik« an der Universität Frankfurt/Main. Rückkehr nach England, Weiterarbeit am Schlußband der »Jahrestage«.
1980	»Begleitumstände« erscheint.
1981	»Skizze eines Verunglückten« erscheint.
1983	Kölner Literaturpreis. Nach fünfzehnjähriger Arbeit Abschluß der »Jahrestage«.
1984	Am 12. März 1984 wird Johnson tot in seinem Haus in Sheerness aufgefunden.